U0734085

陪孩子走过青春期
（男孩版）

于　敏　　主　编

王建美　　副主编

WUHAN UNIVERSITY PRESS

武汉大学出版社

图书在版编目（ＣＩＰ）数据

陪孩子走过青春期：男孩版／于敏主编；王建美副主编．— 武汉：武汉大学出版社，2023.8
ISBN 978-7-307-23799-5

Ⅰ．陪… Ⅱ．①于… ②王… Ⅲ．男性－青春期－家庭教育 Ⅳ．G782

中国国家版本馆 CIP 数据核字（2023）第 094961 号

责任编辑：周媛媛　孟跃亭　责任校对：牟　丹　版式设计：潘新柳

出版发行：武汉大学出版社　（430072　武昌　珞珈山）

（电子邮箱：cbs22whu.edu.cn　网址：www.wdp.com.cn）

印刷：天津海德伟业印务有限公司

开本：880×1230　1/32　印张：7.25　字数：162 千字

版次：2023 年 8 月第 1 版　2023 年 8 月第 1 次印刷

ISBN　978-7-307-23799-5　定价：35.00 元

版权所有，不得翻印；凡购我社的图书，如有质量问题，请与当地图书销售部门联系调换。

　　青春期是人成长道路上的一个特殊时期。进入青春期，人在生理、心理等方面都有很大的变化，这是一个人由儿童向成年过渡的重要时期。

　　青春期可能是孩子一生中问题最多的时期，身体迅速发育，学习压力大，脾气暴躁，与父母或朋友产生矛盾，有高兴的事，也有烦恼的事。因此，作为父母的我们不仅要做好"后勤部长"，为孩子准备营养丰富的饭菜，为孩子准备生活和学习的必需品……同时还要做好"参谋长"，了解孩子的情感需求和心理状况，引导孩子正确面对青春期遇到的各种烦恼、挫折，纠正孩子的一些不当行为，成为孩子的心灵导师。有父母陪伴的孩子是幸福的，孩子在青春期将不再恐慌。父母和孩子平等的沟通会消除孩子在这一时期的很多困惑。

　　进入青春期的男孩，他们感觉自己有了丰富的生活经验，学到的知识越来越多，再加上身体发育逐渐成熟，他们感觉自己已经长大了，自我意识也增强了。此时父母如果还和以前一样，经常替孩子做决定，那么以前那个听话的乖孩子就会变成一个叛逆不听话的大男孩。青春期的男孩，他们会反抗父母的安排和决定，尽管父母所有的安排都是为了他好，但他就是"不领情"。

　　青春期的男孩既有"初生牛犊不怕虎"的气势，又有"欲与天公试比高"的志向，其实这个又高又帅的男孩依然是一个"不识愁滋味"的孩子。他们正处在由儿童迈向成人的交界点上，经常会对父母说："我已经长大了，我的事情我自己做主，不用你们管。"他们抗拒父母的安排，但又会经常碰壁。当他们不知所措时又会问父母："我该怎么办？"作为父母的我们既生气又觉得好笑，但换个角度想一想，也许这就是青春期男孩常有的可爱吧。

青春期的男孩渴望得到异性的关注，希望父母把他当作大人看待，渴望得到尊重和理解，也希望父母给他更多的自由空间。孩子正处在这个特殊的年龄段，出现一些属于这个特殊时期的表现很正常，我们要正确看待。我们既要做好父母，又要成为孩子的朋友，还要成为孩子的榜样。作为父母，我们要灵活转变自己的角色，发挥自己的智慧，及时掌握孩子的心理活动，为孩子的成长保驾护航。

本书专门介绍了青春期男孩在生理和心理上发生的一些变化，还介绍了父母应该如何与孩子相处与沟通。本书全面讲解了青春期男孩存在的问题，以及家长的应对措施。本书的每一小节都有通俗易懂的生活案例，希望能帮助家有青春期男孩的父母，让父母在与孩子的沟通中增进感情，成为孩子的良师益友。

目 录 CONTENTS

1

目　录

青春期的男孩有了一些小秘密

　　青春期是男孩成长过程中一个特殊的人生阶段，处在青春期的男孩身体会发生很大的变化，男孩也有了自己的小秘密。孩子心中的疑惑也会增多，如脖子上的喉结怎么越来越明显、说话声音怎么变粗了、睡觉时内裤怎么会变湿，这时家长与孩子来一次及时而有意义的谈话就很重要了，及时疏导孩子心中的疑惑，并告诉孩子正在长大，这些变化都很正常。

男孩的喉结明显了

◎ 解密青春期

青春期，是孩子一生中非常重要的时期，孩子的身体与之前相比会有很大的变化。作为父母的我们，可以提前给孩子普及一下相关知识。

男孩在喉结发育期，不会影响正常的吃饭、喝水、说话，需要注意以下几点。

（1）要放松身心，保持愉悦。

（2）保证充足的睡眠。

（3）加强体育锻炼。

（4）保证每天摄入充足的营养。

进入青春期的男孩因为雄性激素的大量分泌，咽喉部位会发生很大的变化，喉结会明显突出，这是青春期男孩的第二性征之一。很多青春期的男孩会因为喉结的出现而感到惶恐不安，其实大可不必如此紧张，喉结出现是我们身体发育的正常现象，每个男孩都要经历这样的发育过程，只不过会因为每个人身体状况的不同喉结大小不同罢了。

其实男孩和女孩都会长喉结，只是青春期的男孩身体主要分泌雄性激素，而女孩主要分泌雌性激素，分泌的雄性激素极少，所以女孩的喉结看起来不明显。喉结也是青春期男孩与女孩身体发育的重要区别之一。

父母要及时解决孩子心中的困惑，适当地给孩子普及一些与青春期有关的知识，让孩子轻松快乐地生活和学习。

小博是个刚上初一的男孩，一天，他在房间写作业的时候，手不经意间摸到了脖子，他发现脖子上长出了一个硬硬的不明物体，它和骨头一样坚硬。小博赶紧起身跑到卫生间，来到镜子前一看究竟。不看不知道，一看吓一跳。"呀，我的脖子上长的是什么？竟然突起这么高一块，这下完了，我一定是得了什么病！不然怎么会长那么大一个不明物体呢？"小博心想。这下他开始变得不安起来。

小博惶恐不安地从卫生间出来，赶紧去客厅找爸爸和妈妈。"爸爸，赶紧穿衣服带我去医院。我好像得病了。"

爸爸被他紧张的神情吓了一大跳，连忙问道："儿子，你怎么了？哪里不舒服？快告诉爸爸。"

小博急切地说："爸爸，你看，我的脖子上长出了这么大一个不明物体，好像多出来一块硬硬的骨头，我们还是赶快到医院，让医生帮我检查检查得的是什么病。"他边说边拉着爸爸往外走。

　　爸爸听到这里，松了一口气，将悬着的心放了下来，拉住小博的手，微笑着对小博说："儿子啊，你先别急，你看爸爸脖子上也长着呢，你摸一摸，看和你的一样吗？"爸爸说着还用手指了指自己的脖子。

　　小博这才停下，他认真地看了看，摸了摸，奇怪地说道："啊，爸爸你怎么也有呀？"

　　爸爸解释说："儿子，首先这个不是什么病，你别紧张。这个硬硬的骨头叫喉结，它的出现说明了你正在长大，它是青春期男孩的第二性征之一，它是你成为男子汉的一个象征。"

　　小博听了爸爸的话后如释重负，但又疑惑地问道："爸爸，那我们班的男生都会长这个喉结吗？我怎么没发现他们长呢？"

　　爸爸温和地说："傻孩子，他们当然会长啊。只不过有的同学先长，有的同学后长，这跟个人的发育早晚有关。至于你们班的同学，你慢慢观察，他们也会很快长出喉结的，这是你们进入青春期的一种表现。"

　　"哦！"儿子似乎明白了，但他还沉浸在爸爸的话里。

　　过了一会儿，小博又向爸爸提出一个问题："爸爸，男生会长喉结，那女生会不会长喉结呢？"

　　爸爸耐心地讲解道："女生也会长喉结，但是她们的喉结不明显……"

　　小博认真地听爸爸讲解，心中的疑惑解开了，开心地回房间去学习了。

　　在孩子的成长过程中，总会遇到一些让自己感到困惑或迷茫的问题，身体的一些变化可能会使孩子感到恐慌，就像小博发现脖子上长了硬硬的东西会紧张一样，有的孩子平时善于表达，所以会大胆地和父母交流或向他人询问；也有一些男孩比较内向，他们会将自己的烦恼闷在心里，自己默默地承受。

一些青春期男孩的喉结不明显，其原因大概有以下几种。

(1) 有的男孩平时爱做一些剧烈的运动，这些运动可能会导致男孩的喉结不明显，如一些田径运动员和体操运动员，他们的肌肉发达、身体素质良好，他们的喉结不太明显，但依然是健康的。

(2) 身体较胖的男孩，脖子上的肉也较多，看不出喉结凸起，他们的喉结不太明显。

(3) 先天性遗传造成喉结不明显。

(4) 个人身体发育不良，身体分泌的雄性激素不足导致喉结不明显。

作为青春期男孩的父母，我们要时刻关注孩子身体和心理的变化，及时与孩子沟通，帮助他们消除心中的困惑。

青春悄悄话

亲爱的儿子，现在你已经长出喉结，变得越来越成熟、越来越像男子汉了，我们很高兴见证你的成长。祝贺你！

男孩的嗓音变粗了

◎解密青春期

当男孩进入青春期，喉头会逐渐变宽，声带拉长，喉结明显突出，声音变得低沉、重浊、沙哑，父母要及时告诉孩子，好好保护自己的声带，这时候的声带非常娇贵，一不小心就会充血水肿，青春期男孩需要注意以下几点。

(1) 多喝白开水。

(2) 不吃或少吃辛辣食物。

(3) 保持适当的锻炼。

(4) 不要高声唱歌或大声吼叫。

(5) 不要长时间说话。

(6) 唱歌时尽量不要飙高音。

当男孩进入青春期，或多或少都会遇到一些困惑，身体发育速度加快，个子一下子长高很多，声音由原来的清亮变得沙哑，平时爱唱歌的男孩在这个变声期会特别不适应。其实，进入青春期的男孩都会经历变声期，一般男孩从 13~16 岁开始进入变声期，这个过程一直会持续到 19 岁左右，喉结突出较为明显，变声在这时基本完成。

变声期是每个青春期男孩都会经历的一个阶段，但变声期的时间因人而异。其实，变声期就是男孩从童声变成成熟男性声音的一个生理变化时期，变声属于正常的现象，孩子不要有心理负担。

小军是个酷爱音乐的男孩，上初中以后，虽然课业增加了，作业也增多了，但他对音乐的热爱没有减少。小军总会抽出时间听音乐，有时也会边听边唱。

一天课间，小军唱起了他最近特别喜欢的一首歌，唱到高音部分时他感觉唱不出来，他的嗓音变得有些沙哑粗犷，甚至还有些跑调。他的歌声逗得班里好多同学笑了起来。

"小军，你的嗓子怎么了？你这歌声有点吓人了吧！"一个同学调皮地和他开玩笑。

小军赶紧向大家解释道："我的嗓子这几天有些不大对劲，不好意思啊。"他边说边跑出了教室。

小军发现这几天自己就连说话也和以前不一样了，声音变粗、变沙哑了。

"我以后怎么唱歌呀？我的声音怎么会变得这么难听？"小军伤心地自言自语，也因此变得消沉了。

爸爸看见小军情绪低落，便关心地问："儿子，最近你有什么事吗？爸爸怎么感觉你的情绪不高呀。"

于是，小军便将自己最近声音变粗、变沙哑，影响唱歌、说话的情况告诉了爸爸。爸爸认真地听完后，微笑着说："儿子啊，你的嗓音变化是由于你已经进入青春变声期所引起的，不必担心，这是暂时的。你知道吗？声音的粗细主要是由声带决定的，进入青春期的你声带会相应地有所发育，你们男孩的声音在这时大多会变得低沉沙哑，这属于正常的生理现象。儿子，只要你在变声期好好保护嗓子，多喝水，不过度使用嗓子，相信用不了多久，一个成熟男性声音就会出现并与你相伴，到那时候你唱出的歌或许会更好听。"

听了爸爸的话，小军心中的疑惑解开了，他也不再纠结，露出了开心的笑容。

当青春期的儿子进入变声期时，作为父母的我们一定要给予孩子足够的关爱，告诉他们好好呵护自己的嗓子，少用嗓子，多喝水，尽量避免嗓子受到不良刺激，变声期结束可能会收获低沉而又略带磁性的声音。同时父母还要和孩子多沟通，及时为孩子解决他们心中的小疑惑，将孩子变声期可能出现的不利因素排除掉，让孩子健康成长。

青春悄悄话

亲爱的儿子，最近你已进入变声期，声音虽然没有以前清亮了，声音有时会忽高忽低，但是你不要担心，这预示着你正在向男子汉的行列迈进，这也是你成长的标志，儿子，放松心情做最好的自己。加油！

发现长了小胡子

◎ 解密青春期

青春期对于男孩来说是他一生中特别重要的时期。男孩长胡子，代表第二性征出现。这是男孩在青春期的正常现象。作为父母的我们，可以提前告诉孩子，小胡须长出来需要注意的一些事项。

(1) 不要用镊子拔自己的胡子，因为这样容易感染。

(2) 尽量不要过早使用刮胡刀将胡子刮掉。

(3) 如果胡子太长影响形象，可以用剪刀稍微修剪一下，这样可减少对皮肤的刺激。

进入青春期的男孩，不仅喉结会明显突出，声音会变粗，而且会在嘴的周围长出小胡子。男孩长胡子其实和喉结突起一样，是男性第二性征的表现。

作为父母的我们，在孩子进入青春期以后要多关注孩子的身体变化、近期的表现，以及情绪变化，长胡子本来是男孩进入青春期后的一种正常的生理现象，可是有的男孩却觉得刚刚长出来的胡子会影响他们帅气的形象，在他们的心里并不欢迎小胡子的到来。遇到这种情况家长该如何引导孩子呢？

雨轩是个活泼开朗、喜欢打篮球的男孩，每天他都过得快乐而充实。

可是最近他却有了自己的烦恼，他发现自己长胡子了，看着自己的小胡子渐渐长出，他的情绪开始有了一点小波动，后来胡子越长越长，他每天都要照镜子，越照越苦恼。为什么会长出这么多的胡须？真是有损自己的形象啊。

就这样，原本帅气迷人的雨轩被这些小胡须弄得有点不敢见人了，他真想把那些烦人的胡子都刮掉。

因为现在是假期，雨轩干脆连门都不出了。

雨轩这几天的表现有些奇怪，爸爸和妈妈决定了解一下情况。

晚上吃饭时，一家人坐在餐桌前，爸爸故作好奇地问："儿子，这几天你为什么把自己关在房间里不出去了？你是在搞科研吗？"

雨轩被爸爸这么一问，有点不好意思地说道："爸爸，我哪有什么心思搞科研啊？我都快烦死了。"

爸爸关心地问："儿子，你这是怎么了？有什么事情让你这么烦恼啊？你可以和爸爸妈妈说说吗？"

雨轩这才将自己的"烦心事"告诉了他们，爸爸和妈妈认真地听雨轩说完后，爸爸微笑着给雨轩解释起来："你现在已经进入了青春期，体内分泌的雄性激素不断增多，所以你的胡须也快速地生长出来，胡须也会由浅淡渐渐变得浓密，你刚刚说的这些烦恼其实在你这个年龄段属于正常现象，这些小胡须不但不会影响你的个人形象，还会让你更有魅力，这些小胡须也是你迈入成年的一个象征。"

雨轩听了爸爸的详细讲解后，豁然开朗，他终于松了一口气。

进入青春期，男孩的性腺轴开始启动，这时下丘脑分泌的促性腺激素会起作用，大量分泌雄性激素，促使男孩的小胡须渐渐长出。男孩刚开始转为男人会有点不适应，有的男孩可能会照镜子将自己的胡子拔掉，这样做极容易破坏胡须周围的软组织和根部的毛囊，细菌也趁机侵入皮肤，进而引发炎症。

进入青春期的男孩或多或少会长出一些小胡须，因为男孩生长发育的个体差异，胡须长出的时间不尽相同，胡须的疏密程度也不同，这些与雄性激素分泌是否旺盛、遗传和饮食习惯等因素有关。所以，青春期的男孩长出的胡须如果不是太密就不要着急地将它刮掉，过早地刮胡子可能会使胡子变粗、变硬。

青春悄悄话

　　亲爱的儿子，当你发现自己长出小胡须时，爸爸妈妈恭喜你正在走向成熟。男孩子长胡子是很正常的一件事，所以不要太过紧张，你只管放松心情去接纳它就可以了。

男孩的身上长出了体毛

◎解密青春期

很多青春期男孩接受不了自己身上一下子长出那么多体毛，甚至有的男孩会以为自己的身体出问题了，让自己徒增烦恼。

其实人类长体毛是有很多好处的。

(1)体毛可以调节人体的体温。

(2)体毛可以加速人体表面汗液的蒸发。

(3)体毛可以减少人体皮肤之间的摩擦，减少皮肤损伤。

(4)眉毛可以阻挡额头上流下的汗珠，防止汗水流入眼中。

(5)腋毛、阴毛会阻挡灰尘、细菌侵袭人体。

作为父母的我们可以及时将这些相关知识告诉孩子，让孩子知道长体毛只不过是人类正常发育的一种生理现象，也是男孩成熟的一个象征。

男孩小的时候身上是光滑的，随着年龄的增长，到了十几岁渐渐进入青春期，身体的不同部位就会长出体毛，并且会越来越明显，有的男孩觉得这些体毛会影响自己的个人形象，心里难免有些接受不了。

浩浩是个酷爱踢足球的男孩，从小学一直踢到初中，他只要一有空闲时间就会去找他的同学，一起去球场踢足球。阳光又自信的浩浩每天都过得很充实。

可是最近几天他发现自己的腿上长出了很多又细又黑的毛毛，浩浩自言自语："我这是怎么了，腿上怎么会长出这么多毛？难道是最近吃了什么不该吃的东西？"浩浩有些苦恼。

特别热的一天，浩浩又要出去踢足球，爸爸发现浩浩却穿着长裤，便有些不解地问浩浩："儿子，你以前踢足球不都是穿短裤吗？怎么今天穿长裤了？你不热吗？"

浩浩愁眉苦脸地说道："唉，老爸，你是不知道，我的腿上最近长出了很多毛毛，我不清楚是怎么回事，我怕朋友们看见了笑话我。"

爸爸告诉浩浩："我的傻儿子，你说的那是体毛，你已经进入青春期，青春期的男孩不仅腿上会长体毛，而且很多地方也会长体毛，比如下巴、胳膊、腋窝、腿部、胸部、阴部等，人其实从一出生就有体毛，最开始是头发、眉毛、汗毛，之后随着身体不断发育，渐渐地就会在下巴上长出胡子，在胳膊上长出汗毛，在腋窝长出腋毛，在胸部长出胸毛，不过也有的人不长胸毛，看个人体质和遗传，在阴部会长阴毛。进入青春期的男孩正是身体发育的黄金时期，这些体毛也会跟着迅速生长，体毛会由少变多，由稀变密，由短变长，由软变硬，这是体毛的生长规律。

每个青春期的男孩都会经历这样的事情，长体毛是很正常的，是你青春期身体发育的特征。你没必要害怕别人笑话你。儿子，你明白了吗？"

浩浩听了爸爸的话，一下子活跃了起来："爸爸，我明白了，既然每个男孩都会长体毛，我就不怕他们笑话了，我这就去换足球短裤。"

青春期的男孩身上长出体毛需要男孩正确看待，身上长体毛表示男孩正通往成熟的路途，也许很多男孩在心里会存在一些困惑。

青春期的男孩在不知不觉中会长出胡子、腿毛、腋毛、阴毛，这些体毛都是在男孩进入青春期后体内分泌的雄性激素的刺激作用下产生的。有的男孩可能觉得腿毛会影响自己的帅气形象，还有的男孩会因为自己的隐私部位长出体毛而困惑。尤其是阴毛长在自己的隐私部位，刚开始又浅又细，渐渐地会变得又深又粗，并覆盖整个阴部，男孩心里会有许多不解，但又不好意思询问。其实这是男孩生长发育的正常现象，父母要尽早告诉孩子不要为此担心，更不要烦恼，这只是男孩身体正常发育的一个过程，是男孩走向成熟的标志。

青春悄悄话

　　亲爱的儿子，当你发现自己的身体长出许多体毛时不要有思想负担，这是青春期男孩的第二性征，你顺其自然就可以了。也许你会发现有的同学不想要体毛就用镊子拔，或者用剃须刀刮，这些都是不科学的，因为这样容易破坏毛囊，造成毛囊感染。儿子请你记住：健康第一，欣赏自己，做个自信的人。

青春痘悄然而至

◎ 解密青春期

　　青春期的男孩也是爱美的，他们希望自己拥有一个帅帅的、酷酷的形象，但青春痘的到来，让男孩对自己的外在形象产生不满，甚至有的男孩因为过度在意自己的形象而产生抑郁或自卑的心理，作为孩子的父母，我们要帮助他们解开心中的困惑，给他们一些合理的建议。

　　(1)注意饮食要清淡，少吃甜食，少吃辛辣、油腻食物，多喝水，多吃新鲜水果和蔬菜。

（2）要注意个人卫生，用干净的温水洗脸。

（3）不乱用化妆品或药品祛痘。

（4）不要用手挤压或抠那些痘痘，避免留下疤痕。

（5）保持心情愉快。

（6）多参加一些体育运动，保证充足的睡眠。

大部分青春期的男孩会因为自己白白净净的脸上长出许多青春痘而烦恼。青春痘是由于青春期男孩的身体分泌了大量的雄性激素，致使他们的身体出现内分泌失调，产生的皮肤炎症，其实这就是一种涉及毛囊、皮脂腺的慢性炎症。这种炎症是暂时的，也就是说青春痘会随着男孩的青春期而存在，等过了青春期自然会消退。

有时男孩在镜子中看到自己满脸的青春痘，心里会接受不了，心情变得糟糕。脸上的青春痘确实会让男孩的心里不舒服，甚至会郁郁寡欢。处在烦恼中的男孩这时非常需要父母给他们指点迷津，消除困惑。

小磊上初一了，是个高大帅气的小伙子。可是不知道怎么了，最近小磊的脸上长出了好几个又红又大的痘痘，用手摸上去有点硬硬的，又有点疼。小磊好讨厌这些痘痘啊！

　　小磊平时课业有些忙，他的心思大多用在学习上，到了周末，小磊写作业的时候，他的手本来是托着腮帮子在思考，结果触碰到了脸上的痘痘，他找来镜子，看着这些可恶的痘痘，真让人不舒服。小磊决定用手使劲挤这些痘痘，将它们都挤掉，这样应该就能让自己的脸恢复光滑了吧？

　　在一旁看书的爸爸注意到了小磊的举动，看着他要挤痘的时候，爸爸说道："儿子，脸上长青春痘了？"

　　小磊愁眉苦脸地说："爸爸，你看这些烦人的青春痘，太影响'市容'了。"

　　爸爸说："儿子，这青春痘看着很难看，但它正是你青春期身体发育旺盛的表现啊，说明你发育良好，身体充满活力。青春痘是青春期孩子正常的生理现象，因为每个人的体质不同、遗传基因不同，有的男孩会早一些出现青春痘，有的会晚一些；也有的男孩脸上会出现较多的青春痘，而有的却出现得较少，所以你不要和任何人比，自己放平心态，调整好心情，过一段时间这些青春痘就会慢慢褪去。"

　　小磊的心情好了许多，问："爸爸，这青春痘真的能消失？"

　　爸爸说："当然能啊，不过你要是现在用手使劲挤压那些痘痘，就有可能会留下疤，万一留下疤那就很难恢复你原先帅气的脸了。"

　　小磊听了马上对爸爸说道："为了以后能恢复我帅气迷人的形象，现在只能先忍受一段时间了。"

　　爸爸点点头："儿子，这就对了。你可以把你的注意力转移到学习上或者其他感兴趣的事情上，不要苦恼。"

　　小磊也点点头，说："知道了，爸爸。"

相信很多父母看到自己的儿子被青春痘折磨会心疼不已，父母可以告诉儿子要与青春痘和谐相处，不要用手挤痘痘，否则细菌可能会侵入皮肤，使皮肤感染，还可能会使皮肤留下疤痕或印记。最好是调整自己的情绪，不要整天愁眉苦脸、心事重重的，如果这时候孩子的情绪起伏不定，不但会影响身体健康，而且可能会使痘痘长得更多，所以男孩心里越是着急地想要祛除那些痘痘，痘痘就越不容易消除，还不如坦然面对。

青春悄悄话

亲爱的儿子，当我们看到你为脸上的青春痘而烦恼时，爸爸妈妈更多的是心疼。不过你要明白，青春痘只是你生命中的一段小插曲，不要烦恼，更不要自卑，只要采取科学的措施去应对，放平心态接受现在不够完美的自己，相信用不了多久青春痘就会消失，还你帅气的形象。

遗精是男孩成熟的标志

◎解密青春期

当青春期的男孩出现遗精时，父母要帮助孩子正确地认识遗精现象并教会孩子如何应对，给孩子一些正确的指导和建议。

(1) 男孩在晚上睡觉前不要喝太多水。

(2) 让男孩了解遗精的相关知识。

(3) 尽量避免穿紧身内裤。

(4) 平时要勤洗澡、勤换内裤，注意个人卫生。

(5) 在床头柜上放一卷卫生纸，出现遗精时使用。

遗精在青春期男孩看来是一件非常尴尬的事情，作为青春期男孩的家长，应该多关心孩子，尤其是爸爸，更应该多与男孩沟通，给男孩普及一些遗精的相关知识，告诉他遗精是青春期男孩很正常的一种生理现象，通常男孩在睡梦中发生遗精的概率比较大，几周一次或一周一次都属于正常的生理现象，对身体没有损害，也不会影响人的正常生活和学习，让孩子放平心态就可以了。

一天早上，浩宇刚刚睡醒，他发现自己的内裤和床单都湿湿的，浩宇吓了一跳，他以为自己尿床了。浩宇心想：我都上初中了，这么大的人了怎么还会尿床？真是丢死人了。浩宇边想边赶快起床看看究竟是怎么回事。结果浩宇发现内裤上湿漉漉、黏黏糊糊的，这让浩宇很是不解。

"晚上到底发生了什么？我怎么什么都不知道？这些是什么东西？"浩宇一边自言自语，一边将内裤脱下，换了一条新内裤。然后浩宇将床单也扯了下来，他准备拿到卫生间扔进洗衣机里洗。正好碰到爸爸从卫生间走出来，爸爸看到浩宇手里拿着自己的内裤还有床单，随口一问："呀，儿子，你什么时候变得这么勤快了？竟然自己主动洗床单了？"

浩宇有些不好意思地挠挠头，支支吾吾地说："嗯嗯，脏了就洗。"

爸爸瞟了一眼床单，就明白了是怎么回事，便走到客厅的沙发旁坐下，等浩宇将床单放入洗衣机后，爸爸叫住了他，让他过来坐下。爸爸说："儿子，咱们俩今天就来一场男人之间的悄悄话，怎么样？"

浩宇说："什么悄悄话，搞得这么神秘。"

爸爸说："儿子你是不是发现自己的内裤、床单上有湿湿的、黏黏的液体啊？"

浩宇顿时瞪大了眼睛，感觉有点不可思议，他说道："爸爸你可真是神人呀，你是怎么知道的？"

爸爸说道："儿子，其实没什么好惊奇的，我也是从你这个年龄段走过来的，爸爸是过来人，当然会知道啊。"

爸爸稍微停顿了一会儿，又继续说："儿子，你千万别紧张，也别不好意思。那是遗精，一般进入青春期的男孩就会出现这种生理现象，这很正常，这也是青春期男孩性成熟的一个标志。所以你不要有心理压力。"

浩宇好奇地问："那身体为什么会出现遗精呢？"

爸爸解释道："进入青春期的男孩性器官会逐渐发育成熟，并产生带有精子的精液，当体内的精液量达到一定程度时，便会以遗精的方式排出体外，这就形成了遗精。"

浩宇听了爸爸的话，心中的疑虑没有了，他明白了遗精是怎么回事，一下子感觉浑身都很轻松。

遗精，是指男孩在没有性行为时出现自行射精的一种生理现象，一般首次发生在13~15岁，当男孩有了遗精后，身体的发育会逐步走向成熟和完善，相应的身体的生长速度也会减慢。在18岁以前有过遗精现象的男孩占97%，这也说明绝大多数青春期的男孩会经历遗精，所以男孩不要有任何焦虑情绪，也不要有负罪感，更不要认为自己生病了。作为家长一定要帮助孩子，给孩子正确的指引，并及时疏导孩子的负面情绪，家长可以引导男孩将注意力转移到看书、下棋、打球、跑步等事情上。

青春悄悄话

亲爱的儿子，你知道吗？青春期的男孩出现遗精现象是件令人高兴的事，说明你已经长大了。遗精是一个男孩走向成熟的标志之一，也许你会感到好奇或有些恐慌，也许你还会有一些心理负担，爸爸想要告诉你，遗精是一种正常的生理现象，就像喝水、上厕所一样正常，你如果还有什么疑惑可以随时找爸爸探讨。爸爸永远是你坚强的后盾！

了解男孩的"小弟弟"

◎ 解密青春期

男孩的"小弟弟"不仅有排尿功能，而且担任着今后生儿育女的责任，对于如此重要的"小弟弟"，青春期的男孩应该重视起来，保护好自己的"小弟弟"，如何让它正常地、健康地生长发育呢？这里有以下几点建议供大家参考。

（1）不乱吃促进"小弟弟"快速增长的药。

（2）勤洗澡，勤换内裤。

（3）洗澡要注意水温不要太热。

（4）尽量穿宽松的衣裤。

（5）保护好"小弟弟"不受外部伤害。

（6）远离烟酒。

相信很多男孩对他的"小弟弟"并不了解，因为从古至今男性生殖器都是人们难以启齿的话题。记得初中生物书上专门有介绍男性生殖器的内容，老师一般会让学生自己看，估计老师也有点不好意思讲吧。

随着时代的发展，我们应该清晰地认识到男孩的"小弟弟"只是身体的一个组成部分，它就像人的手、胳膊、腿一样。作为父母，给孩子普及一些相关的知识尤为重要。

男孩子的身体一般在青春期会迅速生长，他的"小弟弟"也会猛长。所谓的"小弟弟"，其学名叫阴茎，是男性生殖器的一部分。男性的生殖系统分为内生殖器和外生殖器两部分，外生殖器包括阴茎和阴囊，内生殖器包括睾丸、排精管道和附属腺体等。阴茎是由尿道海绵体和阴茎海绵体构成的，被许多柔软的、充满血管的结缔组织包围着，阴茎顶端的那部分叫龟头，阴茎的最外面是一层薄薄的、软软的皮肤，这层皮肤一直延伸到了阴茎的顶端龟头处，这层皮肤就是包皮。男孩的"小弟弟"也是他的"命根子"，不仅承担着今后生儿育女的重要职责，而且是未来享受幸福生活的关键，所以一定要保护好它免受伤害。

成成是个刚刚上初一的男孩，一次在上厕所时无意中看到好朋友的"小弟弟"比较长，而自己的"小弟弟"比较短，成成的心中有些不解。"为什么我的'小弟弟'那么短，是不是不正常呀？"成成的心里犯起了嘀咕。

成成有了心事，上课总是走神，老师发现成成听课心不在焉，便找成成谈话，问他是怎么回事，有什么心事？成成只是微微一笑，说："老师，我没事，没什么事情。"老师见问不出原因，于是便将他的情况告诉了成成的爸爸。

成成的爸爸一听到成成上课不认真听讲很生气，本想等他回来好好教训他一顿，后来想到成成正处在青春期，如果硬着来可能会引起他的逆反心理，所以就换了一种方式和儿子沟通。

于是，爸爸专门等孩子放学时到校门口接他，在回家的路上，爸爸和成成聊了聊自己最近遇到的烦心事，然后问成成："儿子，你最近有没有烦心事啊？"

就这样成成也将自己的烦心事说了出来："我发现自己的'小弟弟'特别短，和我好朋友的差了一大截，爸爸你说我是不是发育不良啊？"虽然他有些不好意思，但还是勇敢地说了出来。就这样爸爸顺利地知道了成成上课不在状态的原因。

爸爸便给成成讲起了关于"小弟弟"的相关知识："每个男孩的'小弟弟'都不一样，有的大，有的小，有的人觉得自己的大就高兴，而有的人因为自己的小会自卑，这是完全没必要的。'小弟弟'的大小不仅与遗传和种族有一定的关系，而且与个人的身体发育有关系，与个人的身高、体重没有太大关系。有的男孩的'小弟弟'发育得可能早一点，而有的男孩可能会晚一些，这属于正常的生理现象。所以你不要太担心，也不要太在意，更不能影响自己的心情和正常的学习。你要做的就是积极锻炼身体，合理饮食，让身体健康发育。"

成成终于解开了心中的烦恼。

青春期的男孩，性器官逐渐发育成熟。青少年在这个时期比较活跃，运动量也较大，身体容易出汗，龟头周围也容易积聚大量的分泌物，如果长时间不清洗这些分泌物，"小弟弟"可能就会发炎，严重时会导致尿路感染或龟头炎等疾病，所以男孩的"小弟弟"要经常清洗。家长一定要让男孩尽早认识到呵护自己私密部位的重要性。

青春悄悄话

亲爱的儿子，已经进入青春期的你一定会对自己的隐私部位——"小弟弟"有很多好奇的地方，通过爸爸的讲解相信你对自己的生殖器有了一定的了解，你平时要注意个人卫生，勤洗澡，不要穿紧身的内裤，在和同学玩耍打闹时要注意分寸，保护好自己，千万不要伤害到自己的"小弟弟"，因为"小弟弟"对于男性来说有着非常重要的意义。

不回避性的话题

◎ 解密青春期

近年来我们时常会听到有孩子受到侵害的新闻，对青少年的性教育已刻不容缓。父母如何对青春期的男孩进行相关的性教育，这是为人父母需要重视的事情。

(1) 告诉孩子在外面不要盲目相信别人。

(2) 自己的隐私部位不要让任何人触碰，即使熟悉的人也不可以，对熟人也要提高警惕。

(3) 如果有陌生人触碰了自己的隐私部位要及时告诉爸爸妈妈。

(4) 家长不要对性教育难以启齿，可以经常和孩子参与体育锻炼，多关注孩子的身心健康，给孩子普及一些性教育方面的知识。

在我们的生活中，很多父母觉得应该提前给女孩普及一些性知识，而男孩则用不着，因为大多数家长认为男孩是安全的。其实不然，男孩也需要进行相关的性教育。作为父母只有对青春期的男孩进行正确的引导，才能避免男孩伤害女孩，也能防止男孩被他人侵害。

第 1 章 青春期的男孩有了一些小秘密

青春期的男孩在飞速发育的阶段对性已经有了一些懵懵懂懂的认识，对性也比较好奇、感兴趣，孩子如果提出了关于性方面的问题，家长千万不要觉得难以启齿而回避，孩子越好奇就越想了解它，而家长这时如果避而不答，那孩子可能会通过其他的途径获取相关知识，然而孩子在通过其他渠道获取这方面的知识时，反而容易误入歧途，所以父母一定要以正确的观念引导孩子，让孩子对性有科学的认识。

一次，文轩在街上走着，看到有人在发放类似杂志的书，那些人只要看见有人从路边经过都会给一本，当然，文轩也被他们塞了一本，文轩由于好奇就随便翻了几页，结果里面画着几个大美女，穿着性感的衣服，还配着几个关于性的标题，这让他有些震惊，而且"小弟弟"竟然莫名其妙地变硬了。

文轩感到很尴尬，脸都红了，不知该怎么办。"小弟弟"不由他控制，他能想到的就是赶紧遮住别让人看到，他感觉太丢人了。然后快速离开了那里。

文轩为自己的这种失态感到羞愧和自责，觉得自己是不是有点"色"，自己的"小弟弟"竟然有那么大的反应。

之后每当文轩看到性感的美女后都会情不自禁地想起那天的事情，也让他有点不敢抬头看班里的女生了，话也少了很多。

细心的爸爸发现文轩最近总是保持沉默，觉得他有点怪怪的。于是爸爸便邀请文轩一起出去散步，边散步边聊天，爸爸随后问他："文轩，爸爸发现你这几天的情绪不大对劲，是不是遇到什么烦心事了？"

文轩有点不好意思地说："爸爸，我不好意思说出口。"

爸爸说："儿子，有什么不好意思的，咱们都是男人，大胆地说。"

于是，文轩将自己最近的状况告诉了爸爸。

爸爸听了以后，对文轩说道："儿子，你正处在青春期，无论是在杂志上看到性感美女，还是在路上看到漂亮的女孩，你的'小弟弟'莫名其妙地勃起是很正常的一种生理反应，不要惊慌，更不要自责。正处在青春期的你一定对'性'这方面很好奇吧，有的男孩因为好奇便和异性一起去探索，由于不懂得避孕从而使女孩怀孕或者不懂得生理卫生而导致双方或一方患上疾病，所以青少年不宜过早有性行为。"

文轩疑惑地问："爸爸，我听说男生的精子和女生的卵子结合，就会使女生怀孕？"

爸爸说："是的，男孩子的精液中有成千上万个精子，甚至会有上亿个精子呢，其中只有一个最幸运的精子会与卵子结合，产生出一个新生命，也就是怀孕。"

文轩感觉今天懂了很多以前不知道的知识，露出了开心的笑容。

青春期的男孩，对"性"充满好奇，更多的时候又觉得很尴尬，不好意思说出口。家长应该在孩子青春期时大方地给孩子普及一些基础的、科学的性知识，帮助孩子正确地认识"性"。

其实对于性教育，家长应突破自己的心理障碍，不要拒绝回答孩子的问题，和孩子聊一聊关于性的话题，让孩子知道性是一种正常的生理现象。对男孩进行性教育并没有我们想象的那么难以启齿。家长还可以在孩子的床头放一本关于青春期的图书，让孩子自己翻阅。

青春悄悄话

　　亲爱的儿子，看到你一天天地长大，爸爸妈妈真的很高兴，相信关于"性"这个话题你是充满好奇的，青春期既是"是非期"，又是"朦胧期"，你如果有什么问题不要闷在心里，欢迎你和爸爸一起来探讨。当然如果你能从那种尴尬的状态中走出来，将自己的注意力转移到有意义的事情上就更好了。爸爸相信你永远都是那个阳光、快乐的小伙子。

第2章

青春期的男孩偶尔也会迷茫

处在青春期的男孩，情绪时常会波动很大。有时情绪低落，有时心情烦躁，有时思维很活跃，有时又不愿意说话，静静地在那里发呆。很多时候孩子表面不说，但是心中有很多的困惑，这些困惑可能会使孩子感到迷茫，不知所措。作为父母的我们应该怎样去帮助孩子呢？

消极情绪涌上心头

◎**解密青春期**

人的一生不可能永远顺顺利利，进入青春期的男孩也不可避免地会遇到一些烦心事，使其心情糟糕、情绪低落消极。父母在男孩出现消极情绪时可以给孩子一些建议。

(1)凡事都有两面性，多想积极的那一面。

(2)如果有不如意的事情可以和爸爸妈妈或朋友说一说，不要憋在心里。

(3)去户外跑步、踢足球或打篮球，放空自己。

(4)去做一些自己喜欢的、有意义的事情，如听音乐、看杂志，转移注意力。

(5)向前看，多想一想怎样才能做得更好，未来该怎么做。

男孩进入青春期后情绪多变，在生活和学习中时常会有令人开心的事，也会有不如意的事，那些不顺心的事情可能会导致孩子的消极情绪涌上心头。如果情绪长时间处在消极状态中，那对孩子的成长是非常不利的。父母要及时发现孩子的不良情绪，引导孩子以乐观的心态对待生活中的不如意，努力调整好心态，用正向的思维想问题，消极的情绪就会减轻。

　　小彬是个性格内向的孩子，有事不太愿意和父母说。上了初中以后，每天都骑自行车去上学。

　　一天早上，小彬骑着自行车上学，突然自行车的轮胎爆了，这下可把小彬吓坏了。他像泄了气的皮球，只能推着自行车往前走，到学校时自然是迟到了，老师批评了他几句。

　　小彬的心里很难过。"这个早上，先是自行车爆胎，再是上课迟到，被老师批评，接下来还不知道有什么倒霉的事情等着我呢。唉，为什么我这么倒霉呀？"小彬痛苦地自言自语。

　　因为心情糟糕透了，所以老师上课时，小彬基本上没听进去多少，当老师让同学们做课后练习题时，小彬不知道该如何下手，于是悄悄地问同桌题怎么做，而同桌像没听见似的不理他。这下可把小彬给气坏了。"什么人呀？以为你了不起呀！"小彬抱怨道。

　　就这样小彬一天都不开心，消极的思想注入了他的大脑，他觉得所有的人都在跟他作对。

　　晚上小彬回到家，一脸的不高兴，妈妈关心地问："小彬，看你闷闷不乐的样子，妈妈很担心，是不是发生了什么事？"

　　小彬便把今天发生的一件件糟糕的事情讲给妈妈听，最后还不忘加了一句："妈妈，你说我怎么那么倒霉呢？"

　　妈妈看着小彬垂头丧气的样子，知道应该赶快消除他消极的思想，便和蔼地坐到小彬身边说："儿子，任何一件事都有正反两个方面，如果你以积极的心态看待事物，心情就会大不一样，对于今天的自行车爆胎你可以这样想，车虽然坏了，但人没事就是万幸。虽然上课迟到了，被老师批评了，但说明教你的老师很负责，老师很看重你，你应该感谢他。再说一说你的同桌，他当时没有回应你，可能是他当时做题太专注了没听到，也可能是他想让你自己思考。总之，不要懊悔或沉浸在已经发生的事情中出不来，如果你只看到事情的消极面，就会让你产生消极情绪，消极情绪会影响你的学习和生活。而积极的心态像太阳，照到哪里哪里亮。"

小彬听了妈妈的话，内心不再那么挣扎了。

是啊，父母一定要正确引导孩子，对已经发生了的事情不要纠结，不要挣扎，更不能让孩子陷入一种对自己不满意的情绪中。尤其是家里有处在青春期的男孩，父母一定要告诉孩子，将自己的心态调整好，给自己留点空间，别太紧张，现在或许对自己有不满意的地方或发生了不顺心的事情，但这都是在助力我们的成长。用积极的心态看问题，生活中就会充满阳光。

青春悄悄话

亲爱的儿子，人的一生很长，不可能总是一帆风顺，当你对当下发生的事情不满意时，不要抱怨，也不要产生消极情绪，你要及时调整自己的状态。你可以转换角度，你从这件事情中得到了什么经验教训，规划一下自己接下来该怎样做。其实，这也是你成长的最好时刻。

有时心情很烦躁、很焦虑

◎ 解密青春期

青春期男孩出现焦虑烦躁的心情，这对男孩的身心健康有危害，父母一定要加以重视，及时予以正确引导。当孩子遇到不顺心的事情时，父母可以和孩子一起面对。

(1) 寻找产生焦虑的根源。

(2) 分析事情是否有我们想象中的那么复杂或严重。

(3) 多学习各方面的知识和技能，做个内心强大的人。

(4) 经常用积极的语言暗示自己，树立自信心。

当孩子还小的时候，整天无忧无虑，他是那么天真无邪，是那么快乐可爱。但是当男孩一天天长大，进入青春期后，便有了烦恼。

进入青春期的男孩除了身体发育加快，心理也会有很大的变化。处在青春期的男孩可能会因为学习压力、人际关系、身体因素等造成一些焦虑，让他的心情烦躁不安。焦虑不安的情绪会对孩子的学习和生活产生非常不好的影响，在这种情绪的主导下，孩子情绪低落、心情压抑，无法集中精力学习。当孩子有焦虑情绪时，父母千万不能乱了阵脚，而是要耐心地对孩子进行正确的引导。

小强现在上初三，经常学习到晚上11点才睡觉。最近快考试了，老师留的作业量增加了很多，他的睡觉时间不得不往后推1小时。每天繁重的课业让小强身心疲惫，尽管这么晚睡觉，但他的成绩仍然处在班级中等水平，这让他产生了烦躁的情绪，每天写写写，写那么多有啥用？成绩还是那样，小强的心里挣扎着，有时虽然很困但就是睡不着。

就这样，连续好几天小强都在焦虑、煎熬中度过，妈妈发现小强这几天都是焦躁不安的，便和爸爸讨论了这件事，最后爸爸决定找小强谈谈心。

爸爸坐到小强的身边，平静地说："儿子，这几天是不是作业很多啊？"小强点点头。

爸爸又继续说："儿子，别太累啊，爸爸知道快到考试时作业量就会增加，你是不是一听老师留那么多作业就不由得情绪烦躁起来啊？"

小强说："爸爸，你怎么知道啊？我这几天确实烦躁得不行，静不下心来。"

爸爸和蔼地说："儿子，悄悄告诉你，爸爸像你这么大的时候也有同感，我们也是每到快考试的时候作业量就会比平时增加很多，我当时也是愁啊。后来我才明白老师每天辛辛苦苦地给我们讲课、批改作业，他最希望看到他的学生考出好成绩，老师不是我们的亲人却比亲人更亲，老师虽然与我们没有血缘关系，但他是最希望你变得优秀的那个人。老师留作业是希望你们把所学的知识巩固完善。爸爸告诉你个小秘诀，那就是你每天不要想留了多少作业，你只管低头去做，去研究你所学的知识都会了吗。只要认真做好每一道题，你的成绩自然会提高。作业也会在不知不觉中写完了。"

小强听着爸爸说的话，明白了一些。

爸爸语重心长地说："儿子，静下心来，因为烦躁的心情解决不了任何问题，而且人长期处在烦躁的情绪中时，状态会越来越差，会引起心慌、头痛、失眠、厌食、神经过敏等很多症状，会严重危害到我们的健康。所以，儿子，你要及时调整自己的情绪，让自己远离焦虑和烦躁。"

小强心里舒服多了，说道："爸爸，我知道自己该怎么做了。"

爸爸拍了拍儿子的肩膀离开了。

人的内心很奇妙，不管大事还是小事都可以容纳，既可以把较小的事情无限扩大，也可以把较大的事情无限缩小。其中，人的焦虑情绪就是把生活中遇到的事情扩大造成的。当孩子处在紧张的环境中或孩子在遇到比较复杂而有难度的任务时，都可能会产生烦躁、焦虑的情绪。作为青春期男孩的家长，要给予孩子足够的关注，家长可以结合自己的人生经历以及自己所拥有的知识帮孩子及时疏导情绪。父母要教孩子正确认识自己，并且不断鼓励孩子，让孩子树立自信。当孩子面对复杂的情况时，才有足够的信心去克服，才能用阳光的心态去想问题，才能减少出现焦虑的可能性。

青春悄悄话

　　亲爱的儿子，青春期的孩子有烦恼是十分正常的一种现象，有时你会莫名的烦躁和痛苦，你可以和爸爸妈妈说一说，也可以找朋友、同学聊聊天，尽快将你烦恼的包袱放下，做回快乐的自己。

控制不住自己，脾气暴躁

◎解密青春期

对于青春期男孩脾气暴躁的情况，家长要及时与孩子沟通，不要让暴躁易怒的情绪影响了孩子的成长。男孩在青春期脾气暴躁、控制不住自己时，父母该怎么办呢？

（1）爸爸妈妈可以帮助孩子从思想上认识暴躁的危害。

（2）青春期的男孩可以通过运动的方式排解自己的暴躁情绪。

（3）爸爸妈妈要给孩子做好榜样，心态平和，潜移默化地影响孩子。

（4）告诉孩子遇到麻烦时要向父母或朋友倾诉，消除不良情绪。

（5）可以让孩子用标签提醒自己，在墙壁、书桌等位置写上"镇静""制怒"等字样，以此来提醒自己，这样也可以帮助孩子戒除暴躁的毛病。

有很多爸爸妈妈发现，进入青春期的儿子情绪变得异常暴躁，似乎连他自己都控制不住自己的脾气，本来不是什么大事，他却无缘无故地发脾气，有时甚至会因为别人的一句玩笑而大发雷霆。作为青春期孩子的父母，有时也不理解儿子的一些反常行为，但父母还是要尽量去了解导致孩子产生暴躁情绪的原因，并告知孩子脾气暴躁的一些危害。

孙旭是个刚刚升入初中的帅气男生，周末爸爸和他一起去爬山，他们边爬山边聊天，非常开心。

可当他们爬到半山腰时后面来了一个大男孩，大男孩爬得很快，爬到孙旭的前面时回头看了他一眼。这一幕被孙旭看到了，他觉得那个大男孩在显摆比他爬得快，甚至是在嘲笑他。

孙旭的脾气一下被激起来，他憋足一口气使劲往上爬，那架势简直就是要超过那个大男孩，证明自己更强。

这下爸爸不明所以了，很是纳闷，为什么儿子一下爬那么快，爸爸都有点追不上了。当孙旭超过那个大男孩后狠狠地瞪了大男孩一眼，似乎在向大男孩示意自己爬得更快。孙旭找到一个能休息的凉亭等爸爸。

爸爸终于爬上来了，问他："儿子，你为什么爬那么快，也不等等老爸。"孙旭说："刚才那男孩爬到我前面时向下白了我一眼，他在嘲讽我，我要证明我爬得比他快，你知道吗？超过他时我也狠狠地白了他一眼，我也嘲讽他。"

爸爸说："儿子，你做任何事情都不能仅凭自己的感觉去想问题，也许他只是向下看了看自己爬了多高呢？有时人的感觉和现实情况是有区别和误差的。"

孙旭有点不解。

爸爸接着说："爸爸知道，你正处在青春期，有时候控制不住自己，爱激动，爱发脾气，我知道有时你也不是故意的。我希望你今后做情绪的主人，你要学会控制自己有些莫名其妙的脾气，就比如今天我们出来爬山本来是为了放松自己，是让我们开心的，你这样是不是让自己无缘无故地生气了，影响了自己的心情？"

孙旭点了点头："是啊，我没有控制住自己的脾气，我今后一定注意。"

男孩在青春期，可能会出现各种稀奇古怪的情绪，作为父母要不断引导孩子，培养孩子心胸开阔、心态平和、大度且能忍让的品质，引导孩子在情绪不好时可以通过听音乐、运动、听笑话等方式转移注意力，有效地调整自己的情绪，并告诉孩子古怪的情绪不是有个性，耍脾气不仅会影响自己的理智，而且会影响自己在别人心中的形象，相应的人际关系也会变得紧张。让孩子清楚地意识到：暴躁的脾气会影响他的正常生活和学习。

青春悄悄话

　　亲爱的儿子，近来你的脾气有些暴躁，你是不是感觉控制不住情绪就想发火？这是青春期男孩在情绪上的一种表现，针对这种情况，你要时刻提醒自己保持头脑冷静，不斤斤计较，无论遇到什么事都要从容面对，理智处理，将自己变成一个调整情绪的高手。

变得越来越敏感

◎解密青春期

　　青春期男孩大多有极其敏感的心理，常常会因为一些微不足道的事情而使自己郁闷、苦恼，甚至会因为自己敏感的心理而做出一些让人莫名其妙的事情来。父母可以教给孩子一些应对敏感心理的方法。

(1)加强自我认识,多看自己的优点,学会欣赏自己。

(2)看到自己的缺点,弥补自己的短处,不断完善自己。

(3)在实践中获得成就感,增强自信心。

(4)善待身边的人,多交一些志同道合的朋友。

青春期是男孩人生中的一个关键期,在这一时期,孩子的自尊心不断增强,与社会的接触不断增多,对外界事物会有较强的反应,渴望得到别人的认可和尊重。这一时期孩子容易对别人的言行举止比较敏感,也就是比较喜欢深层次地思考和揣测别人的意思,还会过度在意细节并将其无限放大,如果长期这样会使男孩变得懦弱、自卑、畏手畏尾,甚至会伤害自己。

引发孩子心理敏感的原因是多方面的,第一是平时家庭不够和谐,父母总吵架,影响了孩子的心理发育,产生了敏感心理。第二是听到敏感话题,如学习好坏、身材胖瘦等,孩子认为是在说自己,情绪就会变得激动。第三是曾经发生过一些不愉快的事,孩子怕别人旧事重提,有了敏感心理。在孩子青春期这一阶段,父母如果发现孩子很在意别人的看法,或者对某些事情、某些话题很敏感时,一定要及时与孩子交流,给孩子做心理疏导。

刘阳现在上初二,在他进入青春期的这段时间里,不知怎么了,他变得很敏感,总感觉有同学在背后悄悄议论他。

刘阳的学习成绩一直处在班里的中等水平。每次考试结束，看到发下来的试卷，刘阳总是感叹："我明明已经很努力了，可为什么还是考不好？我真的很笨吗？我的前途在哪里？"学习成绩不是很理想，他很失落，对自己的未来感到很迷茫。

下课后，看到同桌和其他同学在那里聊天，有时瞟来一眼，他便感觉同桌是在背后说他的坏话，看不起他。有时他和几个同学在一起，同学偶尔的一句玩笑话，他就觉得人家是在说他。有时不远处有几个同学在一起说笑，刘阳又觉得他们是在开他的玩笑。他似乎总能听到几个同学在窃窃私语，说他的坏话。

刘阳这种敏感又压抑的心理被他的好朋友李帅发现了，李帅和他在一起时，刘阳还不断地说："你说，他们怎么对我有那么多看法呢？"李帅和刘阳说了自己的看法，但刘阳说李帅不懂他。

刘阳变得不愿与同学交流了，李帅将刘阳现在在学校的情况告诉了刘阳的爸爸。

爸爸等刘阳回到家后，便跟着他来到房间，刘阳觉得很奇怪，问："爸爸，怎么了？"

爸爸说："没事，就是想和儿子坐在一起聊聊天。儿子，你觉得自己每天快乐吗？"

"说真的，我一点儿也不快乐，我们班那些同学很讨厌，他们总在背后说我的坏话。"

爸爸问："儿子，你亲耳听到他们说你的坏话了吗？"

"没有，但我能看到他们的眼睛总瞟向我这边，他们肯定是在说我的坏话呢。你说我能开心吗？"

就这样，刘阳将自己憋在心里的事情说了出来。爸爸说："儿子，首先，很多同学在一起聊天不一定是在说你，说的可能是他们自己的事情。其实，眼睛瞟向你只不过是人家不经意的一个动作，你却敏感地认为是在说你。不要让自己变得敏感多疑，这种心理会影响你的健康成长。再退一步，即使有个别同学在说你，你也不要太在意，我们管不了别人的嘴，但我们可以管好自己。儿子，做好自己就可以了，你说是不是呀？太在意别人的看法会让自己迷失方向，迷失自我。"

听了爸爸的话，刘阳意识到是自己心理敏感才导致这几天不开心，他下定决心要改变自己。

青春期的男孩在成长的过程中，总会有一些不如意的事情，也会有一些缺点展现出来，它们可能会让孩子变得敏感，因为太在意别人的看法而迷失自我。男孩虽然表面不说，他的心里却很困惑，时常会不由自主地从消极方面想问题，敏感地认为很多人或事是针对他的，孩子越想越恐惧，不知道怎样才能处理好这一切。这时父母一定要让孩子有清晰的认识，一个人活在别人的评价中是非常累的，一个人如果过于敏感，常常会因为一些小事而让自己苦恼不堪，当然也会因为一些小事而沾沾自喜。心理敏感不仅会影响孩子自我价值的实现，而且会影响孩子正常的人际交往。请记住，别人说什么是别人的事，为什么要被别人影响自己的心情呢？

青春悄悄话

　　亲爱的儿子，青春期的孩子会很在意别人对自己的看法和态度，容易对一些事情或别人的话语敏感，假如你也有这样的心理，一定要和爸爸妈妈说，我们一起分析，一起面对，也许那只是一件微不足道的事，如果因敏感的心理而痛苦不堪，迷失自我，这样就不值得了。儿子，要相信自己，不断完善自己，活出最精彩的自己。

不愿意将自己的想法说出来

◎解密青春期

　　青春期的男孩在这一时期变得不爱和父母说话了，相信这是很多父母的共识。可能是孩子觉得自己已经长大了，和父母没有共同语言，也可能是父母对孩子平时不认可，让孩子关闭了自己的心门，不愿意和父母交流。父母如何做才能让孩子愿意说话呢？

　　(1)父母要与时俱进，思想要跟得上时代的步伐。

　　(2)与孩子交流要讲究方式、方法，要互相尊重，平等交流。

　　(3)多与孩子一起参加集体活动。

(4) 鼓励孩子多交一些朋友。

当男孩进入青春期时不仅身体快速发育，而且心理也在逐渐成熟，他的认知水平在不断提高，对外界的事物有了自己的认识和想法。他们开始愿意独处，性格偶尔有些叛逆，把自己的小心思藏起来不愿意说。由于学习压力不断增加，会出现情绪不稳定的情况，对人、对事产生冷漠和厌恶情绪，不愿意主动说话，这是青春期孩子的一种特殊表现。

作为青春期孩子的父母，我们可以和孩子一起散步、打球，在轻松愉悦的氛围中与孩子聊天，告诉孩子，如果有什么事情或想法可以和爸爸妈妈交流，也许爸爸妈妈会给他一些有价值的参考意见。

小远小时候比较活泼开朗，可是当他进入青春期后就变得不怎么爱说话了，父母问一句就回答一句，如果父母问得多了他还表现出一副不耐烦的样子，直接走开进入自己的房间，不再与父母多说一句话。

小远的表弟琦琦来到小远家，小远与琦琦原来很要好，只要有机会聚在一起，他们便经常玩得忘乎所以。可是这次琦琦来了后，小远不再像以前那么热情。琦琦比他低一年级，琦琦想让小远帮自己补习一下数学，可小远却冷漠地说道："不行。"琦琦很难过，也很失落，小远的妈妈觉得很不可思议，不知道儿子怎么了。

　　爸爸看到小远这样的情况，赶紧招呼琦琦先坐下休息一会儿，然后拉着小远进了房间聊起了天："小远，爸爸知道你现在进入了青春期，有自己的很多想法，你平时不愿意和爸爸妈妈说，我们可以理解。现在琦琦来找你帮忙补习，你为什么那么冷漠地拒绝呢？你知道吗，帮他补习也是你巩固知识的一个方法，温故而知新，这样你的知识会掌握得更牢固。假如你确实没有时间，你也可以和琦琦讲清楚是什么原因，而不能那么冷漠地拒绝他，你没看到他刚才有多失落。爸爸希望看到以前的你，总是那样的阳光自信，对人也是那么热情。"

　　听着爸爸的话，小远似乎明白了，他出来邀请琦琦到他的房间，他们一起聊天、讲题。

　　其实，青春期的男孩有一部分表面是冷冰冰的，实际上他们的内心是很热情的，只是表现得冷漠一些。处在青春期的男孩，其性格还没有完全成熟，有时对父母或对他人的态度较为冷淡，看起来对家人或家里的事情漠不关心，而实际是很在乎的，所以父母一定不要着急，可以一家人就最近发生的一件事进行讨论，发表各自的意见，引导孩子发表意见的同时也能了解孩子的思想，也可以引导孩子将藏在心里的想法向朋友和同学诉说，如果孩子的思想没什么问题，家长就可以给孩子一些空间和自由，不必强迫孩子。

青春悄悄话

亲爱的儿子，最近爸爸和妈妈发现你不爱和我们说话了，也许是我们之间有代沟的缘故，也许是我们之间在看待事物时会有不同意见，你怕产生矛盾而选择沉默，作为家长的我们都能理解。我们知道，现在你懂得的东西确实比我们多，我们会不断学习，争取紧跟时代的步伐不掉队。我们也希望看到从前那个爱说爱笑的你。

请调整你失落伤感的情绪

◎解密青春期

青春期的男孩在情绪失落时，父母要冷静，及时有效地引导孩子至关重要。

(1) 遇到事情时不要急着指责和抱怨，要放平心态。

(2) 分析事情哪里出了问题，是否可以有更好的办法去解决。

(3) 努力的过程比结果更美好，不管结果如何，都要坦然接受。

(4) 通过户外活动调节情绪。

(5) 可以听一些轻快的音乐调节情绪。

父母一定要走进孩子的内心，和孩子一起成长，与孩子一起欢笑、一起忧伤。

人这一生，会经历很多事情，其中有一些事情会导致我们情绪失落，令我们伤感。尤其是青春期的男孩，处在身体、心理快速发育的阶段，看似已经是个大人，实则心理还不够成熟。有时会因为成绩不理想、跟不上老师讲课的节奏、受到批评、朋友的疏远、老师的一个眼神、父母的一句话、竞选或竞赛的失利而失落，痛苦得不知道该怎么办，或许会因为这种消极的情绪而选择钻牛角尖，或许会选择逃避现实。

作为青春期男孩的父母，发现孩子情绪失落时，一定要和孩子及时沟通，找到问题的症结所在，找到根源，帮助孩子分析事情的因果关系，从而让孩子放下心理包袱。

小宁从小学一年级到六年级都是班长，上了初中后小宁还想竞选班长这个职位。

要想当班长必须有班级管理经验和处理问题的能力，小宁满足这些条件，他自信满满。但是班里人才济济，考试成绩优秀的，综合能力强的，原来当过班长、学习委员的同学都有。人生的路并不会一帆风顺，小宁之前对自己的评估因为他对客观环境的不了解而产生了一些偏差，因此小宁希望的事情落空了——他落选了。

小宁落选后内心变得敏感、脆弱，那种失落感用语言无法描述，他经常一个人坐在那里发呆。妈妈看到小宁的状态和以前不一样，便关心地问："儿子，你这几天怎么了？妈妈感觉你好像有心事，妈妈有点担心。"

小宁说："妈妈，我们班前几天竞选班长了，我都当了六年的班长了，本以为自己能轻轻松松竞选上，结果落选了，我好失落呀！妈妈，您说我是不是太失败了？"

妈妈说："儿子，你想不想听听妈妈的想法？"

小宁说道："您说吧。"

"虽然你竞选失败了，但是不代表你这个人很失败。竞选班长恰恰说明你很积极上进，至于结果是什么你都要接受，毕竟全班那么多人参与竞选，而班长只有一个，你要做的是接受现实。这也从侧面说明你还不太完美，还有提升自己的空间，接下来的时间我们思考一下你可以从哪些方面提高，比如从个人能力、学习技能、人际关系等方面都可以着手去做，人的一生中输输赢赢，什么事情都可能遇到，一次落选算不了什么，失败不可怕，关键是把自己失落的情绪化为努力的动力，去拼搏，下一次成功的可能就是你。"

小宁被妈妈的几句话鼓舞得露出了笑容，点点头，答应妈妈不再纠结这件事了。

是啊，人生中不如意的事情时有发生，所以应及时调整好自己的情绪。青春期的男孩情绪总是起伏不定，当男孩面对压力、挫折、失意时，会表现出失落伤感的情绪，以表示对现状的不满。

父母千万要控制自己的脾气，不能发脾气甚至责骂孩子。这时孩子的心灵是很脆弱的，父母可以给孩子一个拥抱，安慰孩子。

父母要教会孩子换位思考，要反思自己，还要宽容待人，尽快将失落的情绪排解掉，因为长时间的失落情绪不仅会影响人的正常学习和生活，而且会影响人的身体健康。

青春悄悄话

亲爱的儿子，最近几天看到你情绪低落，爸爸妈妈很是担心，人生不如意事十之八九，不可能事事都和你想象的一样顺利，你只要全力以赴地去做，就没有什么好失落的，接纳它就好，其实事情并没有你想象的那么严重，多想想令自己高兴的事情，做回那个快乐的自己。

有时感觉很自卑

◎解密青春期

青春期的男孩不同程度上会有自卑心理，作为父母可以给予孩子一定的心理疏导，消除孩子的自卑感。

（1）要积极主动地与他人交流。

（2）正确看待自己的不足，欣赏自己的优点。

（3）对于他人的评价要正确对待。

（4）多给自己创设一些成功的体验。

青春期男孩由于生理变化比较大，还伴随有不同程度的发育失衡现象，所以也会引起心理上的失衡，这对青春期男孩的行为和心理发展造成了一定的影响。青春期的男孩很容易产生的一种心理障碍就是自卑，这是由于人在不自觉的情况下会与他人比较，对自己的相貌、能力等方面产生过低的评价，这是人在各种活动中不自觉地产生出的一种自我评价，然而这种特殊的自我评价会给人带来很大的危害。

作为青春期男孩的父母，一定要多多关注孩子的行为和心理健康。处在青春期的男孩如果在学习或生活中产生了较强的自卑感时，他会表现出不同于常人的行为，比如：不愿意与人交往，胆小懦弱，沉默寡言，做事缩手缩脚，经常出现痛苦、失望、忧伤、内疚等不良情绪，常常低估自己做事的能力，不喜欢自己，有时为了引起别人的注意会用一些怪异的行为或语言去证明自己的存在。父母如果发现男孩有自卑心理，一定要及时正向地引导孩子走出自卑状态。

　　小俊的个子不高，身体又有些胖，原本很乐观的他因为最近发生的一件事而变得沉默寡言了。

　　原来是小俊看到班里的几个同学去打篮球，很是羡慕，于是他便和那几个同学商量，能不能让他也参加。可是，其中有一个同学开玩笑说："就你这么一个小矮个儿，还想打篮球，你能把篮球投进筐里吗？"随后那几个同学哈哈大笑起来。

　　小俊觉得自己被他们羞辱了，便生气地跑开了。

　　从此，小俊不再愿意和同学玩了，他觉得他们都不喜欢自己，觉得自己长得不够高，不够帅，没有人愿意和他玩，小俊不爱说话了，变得越来越沉默。小俊的自卑心理也由此产生了。

　　妈妈发现小俊最近回到家后就直接回了自己的房间，不和家长交流，觉得小俊的行为和以前不一样了，有些担心。

　　于是，妈妈端着一盘水果敲响了小俊的房门，将水果递给他，坐在他的身边问道："儿子，你这几天怎么了？有什么事情吗？妈妈发现你最近总是闷闷不乐，把自己封闭在房间里，这样不利于身心健康。你可以和妈妈说一说到底发生了什么事吗？"

　　小俊于是将那天发生的事情告诉了妈妈，最后委屈地问："妈妈，你说我是不是很让人讨厌呀？"

　　妈妈知道这件事给小俊的内心带来了一定的痛苦，让他产生了自卑心理。妈妈张开双臂抱住了小俊。"妈妈知道你心里很难受，想哭就哭出来吧。"妈妈想让小俊将自己心中的委屈释放出来。

　　"儿子，喜欢你的人有很多，比如，爸爸妈妈最爱你，你的好朋友他们也很喜欢你啊！你有很多优点，比如说你唱歌就特别好听啊，还有你真诚善良，虽然个子不太高，但现在进入青春期的你会飞速发育，也许很快就会长高一大截呢。对于你们班那几个打篮球的同学，他们那样说话确实很伤人。儿子，你要明白，嘴长在别人身上，我们左右不了他们说什么，但我们可以掌控自己。儿子，你当下要消除自己内心的自卑，调整自己的心态，成长起来，强大自己。你想玩篮球可以找你的好朋友一起玩，当你的篮球打得足够好时，说不定那几个同学还会羡慕你呢，相信那时他们也会后悔自己当初的言行吧。"

小俊听了妈妈的话，心里舒坦了很多。

自卑感是一种可怕的消极心理暗示，也是一种错误的心理暗示。自卑心理不仅会对孩子的人际交往产生不良影响，而且会对孩子的身心健康造成严重的影响。父母作为过来人，一定要让孩子明白，人无完人，每个人的身上都有优点和缺点，积极发扬优点，并改正缺点，做个自信阳光的孩子。

青春悄悄话

亲爱的儿子，正值青春期的你，千万不要因为一些莫名其妙的想法而使自己产生自卑心理，世界上没有十全十美的人，多看自己的闪光点，消除自己的自卑感，因为那些看似让你产生自卑的事情等过一段时间后，你会发现它根本不值得一提。儿子，要好好爱自己，妈妈相信你是一个心态阳光的帅气小伙。

不要让不好的事情影响你的心情

◎ 解密青春期

青春期男孩的情绪总是阴晴不定，希望别让消极的情绪影响孩子成长，父母具体可以这样做。

(1) 告诉孩子别让自己钻牛角尖，沉浸在痛苦中。

(2) 多夸奖孩子，给孩子自信。

(3) 让孩子学会换位思考，调整自己的心态。

(4) 鼓励孩子多用积极的思维看问题。

青春期男孩的内心是充满阳光的，是有许多美好愿景的，他们渴望将自己美好的一面展现给别人，但是他们的社会经验并不丰富，很容易受到一些事情的影响，有高兴的事情时兴奋不已，有难过的事情时伤心沮丧，似乎有一些喜怒无常。

作为父母，我们一定要让孩子明白：在人的成长过程中，会经历很多事情，当然有好事也有坏事，重要的是不要让外界的这些事情干扰了自己的心情，我们可以通过这些事情来感悟自己的人生，欣赏不同的人生景致。

刘磊是个酷爱运动的男孩，从小就爱跑步，而且一直在班里都是前三名。有一次，在体育课上，老师让同学们做完热身运动后自由活动。

刘磊和几个要好的男生商量并进行了一场激烈的赛跑。第一场刘磊跑了第一，好多同学都羡慕他，投来了赞许的目光，刘磊兴奋啊，高兴啊。然后他参加第二场比赛，跑到一半他被绊倒了，重重地摔在跑道上，刘磊的手、胳膊还有脸擦伤了，形象受到了严重的影响，他听到好几个同学对他关心的话语："一定很疼，这次摔倒没拿到第一好可惜啊。"他还听到不远处有几个同学在窃窃私语，说他其实就是故意显摆自己跑得快才摔倒的。

刘磊身上挂了彩，心情很不好，再加上个别同学的小声议论，他心里很难过。

刘磊回到家也不和父母说话，这种情况被妈妈发现了，妈妈让大家都坐到沙发上，说一说最近都发生了什么事，开心的不开心的都可以分享出来，一起分析总结。

妈妈先说了自己工作中的一些小问题，然后轮到刘磊了，刚开始刘磊不愿意说，妈妈和爸爸一起鼓励他："我们是一家人，有快乐一起分享，有困难一起分担，互帮互助。"

就这样，刘磊终于将自己憋在心里的事情说了出来，妈妈听完后告诉刘磊："儿子，对于你赛跑摔倒爸爸妈妈很心疼，相信你们班大部分同学也是很关心你的，至于个别同学说的话你不要太在意，你的内心不是要故意显摆自己就行，我们问心无愧，不要让他们影响你的心情。"

爸爸也补充道："儿子，赛跑摔倒的概率很大，所以这也是在提醒你以后要加倍小心，这次你很幸运，没有摔坏胳膊、腿，只是擦破一点皮，以后可不一定会这么幸运，还是小心为好。通过赛跑你发现了自己的优势，这是多好的一件事啊！至于别人的小声议论，不要在意，自己做到问心无愧就行。儿子，你要记住不要太在意别人的看法，也不要让不好的事情影响自己的情绪。其实在这个世界上，只有你自己能控制你的心情，你只管不断地变得强大起来，创造自己美好的未来就可以了。"

听了妈妈和爸爸的话，刘磊开心起来，他下定决心要变强，不再让外界的一些事情干扰自己。

青春期的男孩在情绪上很容易受到一些人或一些事情的影响，有时对未来充满期待，有时心情就像乌云密布，看不到一丝光明，感觉自己做什么事情都没有意义，觉得自己的未来一片黑暗。起伏不定的心情让他们失去了本该属于他们的快乐。作为青春期男孩的父母，我们有责任和义务去引领孩子正确看待事物，专注地做好自己该做的每一件事，走好自己该走的每一步路，凡事保持一颗平常心，不受世间负面事情的影响。

青春悄悄话

亲爱的儿子，爸爸妈妈想告诉你：不要因为外界的环境干扰到自己的心情，也别让一时的情绪左右了你的判断，在这个世界上，任何人和事都不能够伤害到你，只要你的内心足够强大。快乐永远属于你。

第3章

青春期的男孩有了情窦初开的懵懂

　　进入青春期的男孩，在这一时期不知不觉中有了情窦初开的懵懂。怎样与异性相处，与异性之间的关系成了大家非常关心的话题。随着身体和心理快速发育，孩子的性心理也逐渐趋于成熟，他们开始关注异性，对异性产生好感，希望接近异性，与异性交往，这本来是一种很正常的青春期心理现象。但是青春期的少男少女还很难把握好异性之间交往的分寸，父母要理性对待和正确引导孩子之间的交往。既不能因为害怕孩子早恋而让孩子与异性保持距离，或远离异性，又不能放任自流，让原本纯洁的友谊变质。

出现性幻想正常吗

◎ 解密青春期

进入青春期的男孩对性产生了敏感的反应，而此时的他们应将注意力放在学习上，不能让性幻想控制他们的思想。那么父母怎样才能帮助孩子避免经常出现性幻想呢？

(1) 告诉孩子不看淫秽书刊或视频。

(2) 当出现性幻想时要以平常心对待，不必害怕和自责。

(3) 平时将注意力放到丰富的校园生活和自己喜爱的体育运动上，这样就无暇性幻想了。

青春期男孩出现的性幻想主要是对自己认识或不认识的女性偶像产生的一种倾慕和幻想。女性偶像可能是他的同学、朋友或老师，也可能是他崇拜的某个明星。一般孩子出现的这种性幻想是暂时的，是能够自我控制的，他能清楚地意识到这是虚幻的，在现实生活中是不存在的，可以由主观意志来支配。

青春期的男孩在这一时期对性有很高的敏感度，比如，看到漂亮的女生会想入非非，看到关于性的书或电视内容时，自己便会莫名地产生兴奋。男孩常常会以为自己变坏了，或者认为自己的思想变复杂了，让自己陷入自责。作为青春期男孩的父母，我们不仅要正确看待，而且要正确引导孩子。出现性幻想是青春期男孩发育中极其正常的一种现象，只要不深陷其中就行。

平平是个比较开朗的孩子，周末的一天，他在客厅看电视，电视剧里的男主角向女主角深情地表白，接着两人深情地拥吻，看着男主角那么专注地吻着女主角，平平的身体也有了反应。他怕爸爸妈妈看到，便赶紧起身回了自己的房间。

平平坐在床上，脑海里还是刚才电视里亲吻的情景，自己似乎不受控制，于是他便躺在床上准备早点睡觉。

平平很快就进入了梦乡，在睡梦中，平平成了一个高大帅气的小伙子，正和自己心爱的女生在公园里散步。当他们走到林荫小路上时，女生停下了脚步，突然抱住了他，接着他们便像电视里一样深情地拥吻在一起，那种感觉真是太美妙了。

当他从睡梦中醒来后还意犹未尽地回顾了一遍，但过了一会儿，他又觉得自己变坏了，思想一定有问题，又为此懊悔起来。

平平还没从刚才的思绪中走出来，爸爸便进来叫平平，平平根本就没听到，爸爸看到平平在那里发呆好一会儿了，便走过去拍了拍他的肩膀，问道："儿子，想什么呢？"

平平吓了一跳，脸一下子红了，不好意思地看了一眼爸爸。

爸爸说："儿子，你有什么困惑可以和爸爸说说吗？爸爸也是从你这么大走过来的，或许可以给你指点一二呢。"

平平还是觉得不好意思，结结巴巴地说出了自己的梦，爸爸听了以后告诉平平："儿子，悄悄告诉你，爸爸像你这么大的时候也做过类似的梦，这是正常的一种性幻想。男孩到了青春期，性腺激素分泌旺盛，再加上身体的发育，男孩的性意识由此产生，处在青春期的你们对性产生了好奇心，并对性产生了联想，这就是性幻想。所以你不要太在意自己出现的性幻想，你的心理不要有太大的压力，也不要自责，放平心态，性幻想就会很快消失的。"

平平这才放下思想负担，不再纠结了。

性幻想是每个正常的青春期男孩都存在的一种心理活动，这是非常正常的。青春期的男孩在发育过程中性功能会逐渐发育成熟。性幻想是伴随人一生的自然现象，正确对待性幻想有助于个体的性健康，但不能放任自流，如果孩子沉溺在性幻想中，就会延误学业甚至误入歧途，最后可能产生性心理障碍甚至走上犯罪的道路。

青春悄悄话

> 亲爱的儿子,青春期的男孩出现性幻想是很正常的,但你一定要明白,不能让自己深陷其中。时间是宝贵的,你要将有限的精力和时间放到自己的学业和兴趣上,发挥自己的特长,充实自己。

偷偷暗恋一个女孩

◎解密青春期

当青春期的男孩暗恋上一个女孩时,总是会悄悄关注那个女孩,希望通过各种途径来探知她的消息,想要了解她的一切。有时候男孩不知道该怎么办,可能会感到烦恼,父母应该给处在这个时期的男孩一些合理的建议,给他们正确、理性的引导。

(1)父母千万不要指责孩子,埋怨孩子。

(2)以朋友的态度跟孩子聊天,让孩子尽量转移自己的注意力。

(3)让孩子不断丰富自己的生活,多参加一些有意义的活动。

(4)多交朋友,扩大自己的朋友圈。

进入青春期的男孩由于性意识不断萌发，生理上的发育日渐成熟，在不知不觉中可能对异性产生了好感和爱慕之情，此时的他们开始有了自己喜欢的女孩，这是处在青春期的孩子所拥有的正常的心理现象。

进入青春期的男孩也许在自己喜欢的女孩面前还不敢表露心声，但是会情不自禁地关注那个女孩的一举一动，并且希望通过一些小动作来引起对方的注意，并想办法不断地接近那个女孩，希望与女孩交往并成为好朋友。男孩的心似乎不受控制，时刻想要知道女孩在做什么，当自己一个人安静地待着时，女孩的身影就会浮现在男孩的眼前。这些都是男孩暗恋女孩的表现。

杨洋今年上初二了，他感觉自己好像和从前不一样了。原来自己上课认真听讲，上课一直跟着老师的节奏走，而现在自己上课的时候会时不时地偷瞄学习委员李丽，就是想看看她在干什么，当杨洋发现有人看他时，他就赶忙收回自己的视线，然后低下头去看书，或者望向窗外。

有一次杨洋给李丽写小纸条，犹豫了半天不知道该怎样给她，最后悄悄将纸条夹到了她的书中。每当李丽需要人帮忙时，杨洋总是能及时出现，看似巧合，其实是有心为之。

一个周末的早上，妈妈给杨洋洗衣服时发现他的口袋中装着一张纸条，上面写着："我每天都想见到你，你是那么美丽大方，可爱又迷人，我希望每天都能和你说说话，送你回家。"

妈妈反复看了几遍，知道杨洋心中有了自己喜欢的女孩，妈妈调整好自己的情绪，继续该干什么干什么。

到了晚上，妈妈坐到杨洋的身边，和儿子开起了玩笑。"看我们家杨洋已经长大了，长得多帅，有没有女朋友啊？"

杨洋一下子脸红了，有些紧张地说："没……没有！"

妈妈说："你们现在正处在青春期，可能会对异性产生好感，你心中是不是已经有了自己喜欢的女生？没事，和妈妈说说，不要不好意思。"

杨洋便和妈妈说起了自己喜欢学习委员李丽的事情，他说："妈妈，我不知道怎么了，总是控制不了自己的思想，总想和李丽说说话，好想知道她现在在干什么，看不见她时心里就会发慌，还会不停地胡思乱想。"

妈妈以轻松的口吻对杨洋说："首先妈妈祝贺你，你已经长大了，有了自己喜欢的女孩。青春期的男孩有自己喜欢的女孩很正常，你可以说说你喜欢她什么吗？"

杨洋见妈妈没骂他，松了一口气说："她不但学习好，而且长得很漂亮、很可爱。"

"还有呢？"

这时杨洋说不出来了。

妈妈说："你对她还不是太了解，喜欢的也只是她的外表，这种喜欢也可以说是对她有好感。这在你们青春期的孩子中极为普遍，也许有女孩在偷偷喜欢你呢？"

杨洋不好意思地笑了笑，说道："哪有啊。"

妈妈继续说："儿子，你说现在总是控制不了自己的心，总是想她，那你现在好好想一想，你是要现在和她谈恋爱呢？还是要将自己的喜欢藏在心底呢？"

杨洋说："我现在初二了，谈恋爱会影响学习，还是藏在心底吧。"

妈妈说："你现在能分清楚什么事情该干、什么事情不该干，儿子，妈妈给你点赞！你可以将这份感情转化为自己学习的动力，让自己变得更优秀，为将来遇到更好的她做好准备。"

杨洋微笑着点了点头。

青春期的男孩喜欢一个女孩是其性意识发展的一种正常表现，此时的男孩可能会因为倾慕异性而感到烦恼。作为青春期男孩的父母，我们一定要多观察，多与孩子交流，引导孩子学会对自己负责，也要对感情负责，告诉孩子他此时的喜欢只是一种好感，算不上爱，要谨慎对待。另外，父母要引导男孩不要因此而陷入感情的旋涡，产生各种幻想，让自己每天备受煎熬。父母还要告诉孩子不要轻易表白，因为表白了可能会给彼此造成不必要的伤害。如果真的喜欢那个女孩，就将这份喜欢默默地藏在自己的心底，藏到自己的日记本中，将它好好地珍藏起来，当作一种美好的回忆。当自己将来各种能力和素质都提高后，可能会遇到更优秀的女孩。

青春悄悄话

> 亲爱的儿子，青春期男孩暗恋女孩是很普遍的现象，你不要有太大的压力，不要过度地压抑自己，喜欢她你大可与对方正常交往，互相促进，互相欣赏，将自己的这种喜欢转化为努力学习的动力，共同进步。

没有被接受的喜欢同样美好

◎解密青春期

当青春期的男孩在向自己喜欢的女生表白时没有被接受，该怎么办呢？

(1)选择合适的方式宣泄自己的情绪。

(2)调整心态，坦然接受。

(3)向父母或自己信任的朋友倾诉。

(4)转移注意力，如进行体育锻炼、读书等。

进入青春期的男孩在不知不觉中会对异性产生好奇和好感，并且这种情感会不断酝酿和积累，当它达到一定程度后便会成为一种具有神奇力量的爱慕之情。当这种感情不断积累到一定程度后，男孩便想迫不及待地将它表达出来。然而他以为会被接受的表达却不知哪里出了问题，对方没有接受，于是男孩陷入了迷茫之中。

原本热情、开朗的陈涛，最近却变得闷闷不乐，满脸愁容。这是怎么回事呢？

原来陈涛最近喜欢上了一个漂亮的女生——王静，他思前想后，决定给他喜欢的女生写一封信。他认真地写了好长时间，终于写完了。他鼓足勇气将这封情书给了王静，他满怀期望地等待着王静的答复。

可是陈涛等了好久也没有得到回应，相反，原本相处得很好的王静，自从收到他的情书后，便开始有意识地躲避他，这令陈涛很是着急。

陈涛经常想起他们相处融洽的那些美好时光，但是现在王静却总是躲着不见他，他苦恼得不得了。"难道是自己做错了吗？王静不喜欢我？那些曾经在一起有说有笑的美好瞬间又是怎么回事呢？"

就这样，陈涛在不断地思索着，这到底是怎么回事？他陷入了自责的旋涡。

妈妈看到陈涛整天愁眉不展，于是来到他的房间，坐到他的旁边问道："儿子，妈妈看到你最近总是闷闷不乐的，你有什么心事跟妈妈说一说。"

陈涛说："妈妈，我不敢说，怕你骂我。"

妈妈拍了拍他的肩膀说道："傻孩子，无论发生什么事都可以和妈妈说，妈妈不会骂你的。"

陈涛低声说："妈妈，我喜欢上了一个女孩，我给她写了一封信，给她好几天了，她不仅没有回应我，而且现在还躲着不见我。我好难过。"

妈妈知道是怎么回事后，说道："儿子，你能跟妈妈讲这件事情，妈妈感到很欣慰，我儿子能够把自己心中如此秘密的事情讲给妈妈听，说明我这个妈妈做得还算称职，赢得了我儿子的信任。既然儿子如此信任妈妈，那妈妈就对你讲几句肺腑之言。你现在已经进入了青春期，对异性产生好奇甚至爱慕，是非常正常的一种心理状态。妈妈也经历过这种感觉，那是一种时而甜蜜、时而苦恼的状态，也许这就是青春的滋味吧。但是我们不能任由这种情感主导我们的情绪，我们要学会控制这种感觉。比如你给女同学写情书的行为就有些失控了，不但影响到了你自己的心情，同时还影响到了对方的情绪，所以这样的行为是不可取的。

"你现在的年龄，正是努力学习的黄金阶段，要将精力放到努力学习上，增加自己的知识储备，提升自己的学习成绩，与同学们快乐相处。如果你心中对那个女孩非常喜欢，可以将这份情感暂时埋藏在心底，等你长大一些再找机会表达。

"当然，既然你现在已经表达了，那就坦然面对吧，以一种阳光积极的心态处理这件事，不要被负面的情绪左右。当很多年后你再想起这件小事情的时候，也许你会莞尔一笑，成为青春的一段美好回忆。"

听了妈妈的话，陈涛心中一下释然了，心情轻松了许多，不再纠结这些所谓的感情问题了。

処在青春期的男孩，可能会因为自己喜欢的女孩没有接受自己而烦恼，也许他会闷闷不乐、心事重重、一筹莫展，影响学习和生活。作为父母，我们一定要从正面引导孩子，让孩子明白这只是人生中极其微小的事情，没有得到接受的喜欢同样美好，并不可耻，让孩子坦然面对、一笑而过，做个心胸宽广的人，帮助孩子逐渐排解他的不良情绪。

青春悄悄话

亲爱的儿子，进入青春期的你在渐渐长大，要学会坦然地面对得与失，当你的表白没有被接受时，你不要对自己失去信心。你只要认真对待自己的学习，不断扩大自己的交友圈，积极参加运动和各种有意义的活动，让自己的生活充实而丰富起来，强大自己，自然会得到他人的欣赏。

儿子恋爱了

◎ 解密青春期

进入青春期的孩子由于性意识的萌发容易发生早恋。早恋不是洪水猛兽，家长千万要正确对待。家长可以告诉儿子早恋的一些危害。

(1)早恋的孩子时而高兴，时而伤心，早恋会使人情绪不稳定，影响心情，容易造成心理不平衡，甚至会造成心理扭曲。

(2)早恋会使注意力不集中，上课走神，导致成绩下降。

(3)早恋容易导致性冲动，甚至过早发生性关系，给双方的身心造成伤害。

在不知不觉中，孩子们迈着矫健的步伐向青春期走来，青春期的少年在这一时期开始对异性产生懵懂的好感，有的开始进入早恋状态。但是孩子在这个时候并不知道在恋爱中该干什么，该注意什么，应尽什么责任。

处在青春期的孩子，或许是真的喜欢异性身上某方面的优点，或许只是觉得别人都谈恋爱自己也不能落后。不管怎样，他们谈恋爱的目的根本不是组建家庭。父母最怕的可能就是儿子在青春期谈恋爱耽误学习。父母心里很着急，但是又不能直接阻拦孩子与女生的交往，这时就需要父母智慧地对待。

李斌是一名高一的男生，在进入高中后便喜欢上了班里的漂亮女生王慧。王慧不仅长得漂亮，而且学习特别好，和同学们相处得也特别融洽。李斌看着这样一个活泼可爱的女生喜欢得不得了，整天都想看到她，自己的目光总是在不知不觉中追随着她。很快，李斌向王慧表露了自己的心声，两人进入了恋爱期。

下课了，两人在一起说笑，周末经常相约出来散步、看电影。

李斌开始时对自己说："谈恋爱不能影响学习，我一定要做到恋爱、学习两不误。"但是过了一段时间，他发现恋爱虽然是美好的，但是恋爱也会占用自己很多的时间和精力，自己很难真正做到不影响学习。

有一次，他们去看电影，在电影院等候电影开场时，打打闹闹有说有笑。恰好李斌的妈妈当天也来看电影，在不远处看到了他们。妈妈看到李斌对那个女孩特别关照，而且看那个女孩的眼神都不一样，虽然妈妈不希望他早恋，但看到他会照顾女孩还挺开心的。

很多父母看到孩子在谈恋爱，会不顾一切地上前阻挠，责骂孩子。而李斌的妈妈当时很冷静，她知道现在的中学生谈恋爱不仅大胆，而且很普遍。

妈妈等李斌回家后，找了一个比较轻松的时间，坐到他身边，和他聊了起来："儿子，你们学校里谈恋爱的人多吗？"

李斌一下子觉得脸火辣辣的，说道："挺多的。"

"那你对谈恋爱有什么看法？"

"我觉得如果两人真心喜欢也是挺好的，但就是时间不够用。"

"你是不是有喜欢的女孩了？"

李斌点点头。

妈妈开玩笑说："看来我儿子长大了，懂得谈恋爱了。你知道吗？现在谈恋爱就像是树上没有成熟的果子，吃起来会感觉很青涩，相信你也知道，果子只有成熟了才是最甘甜的。跟女生交朋友可以，但要有度，自己心里要明白什么该做、什么不该做。人在谈恋爱时常常会把心思放在对方身上，基本上不能一门心思地去学习，通常会影响到学习。你不妨问问自己，现在你们是否应该以学习为主，你们现在谈恋爱是爱她还是害她？她是不是你最好的选择？你们的未来在哪里？"

李斌以为妈妈会责骂他，让他立刻停止与女孩的交往，没想到妈妈不仅没有骂他，而且和他聊了那么多他以前从来没想过的问题，帮助他分析现实情况，这让他很感动。

青春期的孩子早恋，与其责备孩子、恶化亲子关系，还不如像这位妈妈这样。对孩子的早恋宜疏不宜堵。父母和儿子一起分析当前的情况，摆出利与弊，将目光放长远，理智地看待问题，最后将决定权留给孩子。

青春悄悄话

亲爱的儿子，进入青春期的你，也许会情不自禁地喜欢上一个女孩并悄悄谈起了恋爱，但是儿子你知道吗？青春期的恋爱修成正果的概率并不高。绝大多数情况会对学习产生负面影响，爸爸妈妈还望你三思。如果你非要想尝试一下，那请你必须处理好你的学习及交往尺度，不要给对方及你自己造成伤害。

初吻宝贵要珍惜

◎解密青春期

男孩很容易在青春期谈恋爱，很可能在这一时期迫不及待地想要体验初吻的甜蜜。他们会想象初吻时是什么样的，可能是紧张的、激动的；也可能是慌张的、陶醉的、甜蜜的，总之令人回味无穷的……

这样美好的感觉如果能在长大后与自己爱的人一起共享，那不是一件人生乐事吗？我想初吻的这种美好与今后共度一生的人一起分享更应该值得期待吧！

初吻就是人在发育时或青春期及以后的第一次与爱慕者接吻。当人们提起初吻时，可能会不自觉地脸红，也可能会在脸上洋溢着甜蜜的微笑。初吻的感觉是美好的。每个成年人对于自己的初吻总是难以忘怀。

青春期的孩子正处在心理和生理成长的关键时期，作为过来人，当父母发现自己的孩子早恋甚至有接吻行为时，不应该一味地斥责，更应该做的是与儿子共同探讨这些话题，并给予孩子正确的引导。

陶晨和杨玲是同班同学，杨玲坐在陶晨的前面，平时下课后，他们会经常在一起聊天。他们是一个小组的，上课时经常讨论问题。这样他们接触的时间比较长，同学之间的情谊也比较深厚。

假期里，他们还经常一起出去玩，有时也叫上几个要好的朋友一起去体育场或公园玩。每次的小聚他们都很开心，由于陶晨和杨玲两家离得不远，所以最后由陶晨护送杨玲回家，时间久了，他们便对对方产生了好感，开始了恋爱。

春天的一个周末，他们一起相约到公园爬山，当他们爬到半山腰时，已经累得气喘吁吁。于是，他们来到半山腰的凉亭坐了下来，陶晨看着杨玲水灵灵的大眼睛，水嫩嫩的脸蛋上微微泛红，陶晨觉得杨玲好美啊！陶晨让杨玲依偎在自己身旁，说这样可以靠着他休息，舒服一些。杨玲坐到他的身旁靠着，陶晨突然有一种很强烈的冲动——想要亲吻她。他试图伸出脖子去亲吻杨玲，杨玲不好意思地躲开了，陶晨的脸红了，杨玲也害羞地低下了头。

他们静静地在那里待了一会儿便继续爬山。

回来后，陶晨经常自己一个人坐在书桌前发呆，有时会一个人在那里傻笑。

妈妈感觉陶晨的状态不对劲，便找了时间和他坐在一起聊起天来。

妈妈开玩笑说："儿子，是不是有女朋友了？给妈妈介绍介绍？"

陶晨不好意思地说："没有啊。妈，您听谁说的？"

妈妈微笑着说："哈哈，你告诉我的啊！"

陶晨不解地说："我可从来没有跟您说过啊。"

妈妈见陶晨紧张的样子，便告诉他："你这几天每天都在那里发呆，而且会不时地在那里傻笑，这些就是恋爱的表现啊。快告诉妈妈，你笑什么呢？那么美！"

陶晨只是微笑不答。

妈妈说："儿子，恋爱是美好的，说说你们发展到哪一步了？拥抱？接吻？"

陶晨说："我们只是偶尔拉拉手。"

妈妈接着说："妈妈跟你探讨一个问题，如果在不久的将来，你遇到了一个自己真心喜爱的女孩，并且想要和她共度一生，那你是希望把初吻留给她还是希望将初吻送给现在恋爱的女孩？谈恋爱可不是儿戏，是一份责任，也是一份担当，你现在是否有能力对自己、对她的将来负责？是否做好了准备？"

陶晨陷入了沉思。

青春期的孩子，正是花一样的年纪，情窦初开但涉世未深，对异性充满好奇却无法把控情感的分寸，这时候的感情是懵懂但又充满幻想的。渴望感受情感的美好却又无法承受情感带来的伤害。接吻作为爱欲最直接的表达方式，会从本质上改变男女之间的关系，让孩子之间的关系彻底失控。处在青春期的孩子，并不适合谈恋爱，初吻也不应该在这个阶段出现。作为父母，我们可以引导青春期的孩子想清楚：现在最主要的任务是认真学习，积极与同学相处，等将来长大后，追寻一个真正可以互相欣赏、相爱的人来体验初吻的甜蜜。

青春悄悄话

> 亲爱的儿子，在不知不觉中你已经长大，进入青春期，你可能会看到周围的同学或朋友谈恋爱了，看到他们在一起很羡慕，或许你已经谈恋爱了，你们享受着恋爱的美好。但你是否想过，在未来你会遇到一个自己挚爱的女孩，却发现自己的初吻没有留给她，那时会不会很后悔呢？

避免早恋，更不要越界

◎解密青春期

很多青春期的男孩会出现早恋的问题，甚至在恋爱中想要偷吃禁果，这时的他们对性有着强烈的好奇心，父母在这时一定要及时干预和纠正，给孩子讲讲过早偷吃禁果的危害。

(1) 过早偷吃禁果可能会造成生殖器官的损伤和感染。

(2) 过早偷吃禁果会降低自身的免疫力。

(3) 过早偷吃禁果可能会使女孩怀孕。

(4) 过早的性生活会影响学习和生活。

(5) 过早的性生活会严重影响人的身心健康。

随着社会的不断发展和世界日益开放，电视、电影中经常会出现男女亲吻等亲热的画面。处在青春期的男孩对男女之事心存好奇，他们的内心渴望尝试，但是不曾想过后果。青春期的孩子还没发育成熟，性生活是绝对不能发生的，一旦偷吃了禁果，危害是很大的。作为父母，我们要时刻观察孩子的思想和行为，正确引导孩子，帮助孩子走好人生中的这段路。

王峰是一名初中生，他面庞英俊，身材挺拔，学习也非常刻苦，成绩在班里一直名列前茅。

班里有一个女生看王峰长得又帅、成绩又好，便经常向他请教数学题。时间长了两人都对彼此有了好感，渐渐地谈起了恋爱。两人每天说说笑笑、打打闹闹，很开心。

有一次，王峰在看电视剧时看到剧中相爱的男女主角相拥然后接吻，最后两人边接吻边进入了卧室。

这样的情景对于青春期的男生有很大的诱惑，他的身体忍不住兴奋起来。晚上睡觉时那个情景又浮现在眼前。

王峰渴望真正地体验一下电视剧里演的那种经历。

王峰为此还悄悄买了避孕套。

爸爸发现王峰的行为和平时不一样，好像很谨慎小心的样子。觉得不对劲，便找王峰谈心。

"儿子，是不是谈恋爱了？怎么神神秘秘的？"

王峰小心地说："没……没有。"

爸爸一眼就看出了不对劲，接着又说："怎么跟爸爸还保密呢？

说真的，我早就知道了。"

爸爸这么一说，王峰还真以为爸爸什么都知道了，便十分好奇地问爸爸："我谈恋爱你怎么会知道呢？我们是很小心的。这不可能啊！"

爸爸微笑着说："你可别忘了，爸爸也是从你这个年龄走过来的，我连你想什么都知道呢！"

王峰这下吓坏了，心想：不会吧，难道连我买避孕套他都知道？不会那么倒霉吧？

经过爸爸耐心的开导，王峰便把自己恋爱的事情告诉了爸爸，还说自己刚刚准备了避孕套，他说自己很想试一试。爸爸听着很是震惊，但是努力克制着自己的情绪，尽可能表现得平静。

爸爸听完后很郑重地对王峰说道："儿子，你现在还小，虽然对恋爱、性爱有一种懵懂的冲动，但性爱是需要慎重对待的，性爱可不是游戏啊！等你长大后身体和心理都成熟了，结了婚会发生性爱，那是男人和女人表达爱意的一种方式。一旦发生性关系可能会使女孩怀孕，即使有避孕套，也不能保证是万无一失的。发生性关系是要承担责任的，你好好想一想，你现在拿什么对那个女孩负责？除了给那个女孩和你自己带来身体和心理上的伤害，你现在什么责任都承担不了，其中的利害关系你可要想清楚。如果你真的爱那个女孩，就不要做这样的傻事，不要去伤害她。"

差点偷吃禁果的王峰在爸爸的引导下认识到了自己的错误，他向爸爸保证立马丢掉避孕套，再也不会有这样的想法了。

青春期的孩子随着年龄的增长，身体发育的不断成熟，由刚开始对异性充满好奇渐渐发展成为有强烈的依恋感，渴望和对方在一起。这时候父母对孩子进行正确引导显得尤为重要，懵懵懂懂的孩子如果在这一特殊时期偷尝了禁果，将会给孩子的生理和心理带来非常严重的伤害，很多孩子因此而误入歧途，耽误了自己美好的人生，留下终身的遗憾。父母要告诉孩子，如果相爱可以一起定个目标，两人在学习中互帮互助，互相促进，一起为将来的幸福生活而努力，将来自己有能力照顾对方再在一起会更幸福。

青春悄悄话

　　亲爱的儿子，爸爸妈妈知道，现在信息发达，谈恋爱、接吻、性爱这些词对你们来说并不陌生。男孩在青春期精力比较旺盛，你们可能在潜意识里有对性爱的向往，但你们此时还不知道性爱到底意味着什么。爸爸想告诉你的是：将那份美好和向往保留着，等到你长大有能力去爱一个女孩时、有能力与她共度今生时再一起体验吧！

失恋的感觉不好受

◎ 解密青春期

青春期的男孩谈恋爱了，但没过多久就失恋了，失恋的感觉不好受，父母看着儿子情绪低落心里一定很着急，父母在着急的同时也要告诉孩子怎样从失恋中走出来。

(1) 认清失恋已是事实，对自己的心态作出调整。

(2) 不要憋着，将自己的想法对父母或朋友说出来。

(3) 多做户外运动，将自己的注意力分散。

(4) 将自己的大部分精力放在学习上。

对于正值青春期的男孩来说，遇到一个自己喜欢的女生，便开始追求，他可能怕老师知道，怕父母知道，他们胆战心惊，即使恋爱了也不敢明目张胆，他们一边感受着恋爱带来的温暖和甜蜜，一边又为恋爱中的各种琐事烦恼着。当有一天因为某个原因分手后，他们便陷入失恋的状态中不能自拔，那种滋味非常难受。

作为父母，我们应该及早地对孩子进行正向引导，告诉孩子正确看待感情的波折，让他们明白在青春的雨季中不仅有恋爱的美好，而且有失恋的痛苦，积极看待和面对人生中的困难和痛苦，将失恋的痛苦转化为人生的积淀，让自己不断变得坚强，经得起感情世界中的风浪。好好珍惜生活，正确看待自己成长过程中的各种变化。

　　亮亮是个高大帅气的男孩，初二的时候他喜欢上了班里的一个女生。亮亮经过一个多月的追求，女孩终于答应和他谈恋爱了。亮亮在这段感情中投入了很多精力，恋爱的这段时间很美好。但是他们恋爱的事情被女孩的父母知道了，他们不允许她谈恋爱，要求她尽快和亮亮分手。

　　女孩被父母逼得没办法，只好和亮亮提出了分手。

　　亮亮一下子从恋爱的甜蜜中掉进了失恋的痛苦中，他感到很迷茫。亮亮经常发呆，回忆他们恋爱时的情景，他控制不住自己的思绪，那一幕幕美好的瞬间总是浮现在他的眼前。

　　爸爸和妈妈看着亮亮的精神状态很着急。他们知道他失恋不好受，便邀请他一起出去散步，爸爸和亮亮讨论起了恋爱和失恋的事情。爸爸问："儿子，你觉得你们这个年龄段的孩子谈恋爱正常吗？能谈多久？"

　　亮亮说："应该很正常吧，我们学校有很多谈恋爱的同学，至于能谈多久我不清楚。"

　　爸爸说："处在青春期的你们，既是身体发育的高峰期，也是心理成长的快速期，你们认为谈恋爱是正常的，爸爸也不反对，这也是你们人生中的一段经历和体验。然而你们现在谈恋爱只是一种懵懂的状态，你们的性格、感情、价值观都处在不稳定的状态，你们现在的恋爱具有探索性和盲目性，属于纯真但又不现实的状态，因此恋爱的时间具有不确定性，你说对吗？"

亮亮边走边点了点头。

"既然有那么多不确定性，在最初开始这段感情时，你就应该做好心理准备，况且你在这段恋爱中也收获了很多美好、温暖和爱，你们如果真心相爱，可以先放下暂时的感情，将精力投入到学习中，一起努力，到大学时再牵手也不晚啊。"

亮亮听了爸爸的话感觉很有道理，决定不再纠结此事了。

青春期的恋爱虽然不被大人看好，但对于青春期的孩子来说是很神圣的，他们的这场恋爱具有成长性和不确定性，甚至难免会遭遇失恋。失恋后的孩子很可能会沉沦、失去信心，并在很长一段时间内沉浸在失恋的痛苦中。父母不能任由孩子一直沉浸在失恋的痛苦中，而要和孩子适当沟通，可以和孩子谈心，或者一起参加集体活动，一起运动，将孩子从痛苦中拉出来。

青春悄悄话

亲爱的儿子，爸爸看到你失恋以后一直很消沉，对妈妈和爸爸的关心也不怎么理会，我们很担心你。儿子，你要明白你们这个阶段的恋爱是感性的，对爱情的认识也很浅显，你们的情绪、性格都处在一个不稳定的阶段，失恋也很正常，你要积极面对。

怎样与女孩正确交往

◎ **解密青春期**

已经进入青春期的男孩，由于他们的生理和心理都发生了很大的变化，性意识的不断成熟使他们对异性产生了向往和好感。在这一时期，父母该怎样引导儿子与女生正确交往呢？

(1) 大大方方地与女生交往。

(2) 打破传统观念，主动与女生正常交往。

(3) 学习异性身上的闪光点，取长补短。

(4) 让孩子分清什么是友情，什么是爱情。

当孩子进入青春期，很多父母最担心的就是孩子不再听自己的话而早恋。其中有一部分家长担心孩子会早恋，便早早地下达命令，禁止儿子与女生交往，禁止与女生一起参加活动。作为家长我们应该明白，这样的做法不可取，会影响孩子的心理健康。男生如果缺少了与女生交往的经验，将来会很难适应工作环境，很难适应社会。

王博是一个比较内向的小伙子，他很少与班里的女同学说话，他的朋友都是男生，没有一个女生。

王博不知从什么时候开始就不敢和女生聊天，不敢和女生大声说话，更不敢和女生开玩笑，在他的世界里，女生好像是很敏感的词，王博在刻意躲避着女生。

越不和女生说话就越不敢与女生交往，后来一和女生说话就紧张，脸变红，额头上冒冷汗，有时与女生说话还磕磕巴巴的。

王博的好朋友李帅发现王博这种情况觉得很奇怪，刚开始还嘲笑他胆子小没出息，后来发现王博每次与女生交流时要么不敢抬头看，要么就紧张得说话都磕磕巴巴。李帅觉得情况不像自己想的那么简单，便将王博的这一情况告诉了王博的妈妈，希望王博的妈妈能够想想办法，帮助王博。

王博的妈妈听了以后，确实很吃惊，没想到王博与女生交流会紧张到这种程度，在她的意识里王博虽然有点内向，但是也不至于出现这种交流障碍。他妈妈开始重视起来。

妈妈等王博放学回家吃完晚饭后，便和他开起了玩笑："呀，我儿子怎么长这么帅呢？班里有没有小女生喜欢你呀？"

王博顿时脸红着说："妈妈，你快别说了，我哪里长得帅呀？在班里我都不敢和女生说话。"

妈妈故作好奇地问："为什么不敢和女生说话呀？是你们班的女生太凶？"

"哪有！我就是害怕！"

妈妈更糊涂了，不知是怎么回事，便又继续问道："害怕什么？到底是怎么回事？"

于是王博便说了起来："以前我和女生玩时，我们本来是打闹着玩，但不小心打疼了那个女生，女生边哭边生气地跑去报告老师，结果我被老师狠狠地批评了一顿，后来我就不敢再和女生玩了。谁知道长时间不与女生交往，我现在都不敢和她们说话了。"

妈妈这才恍然大悟，对王博说："你是故意打疼那个女孩的吗？"

"当然不是。"王博赶紧回答。

"那就好，你以后与女生交往时或玩闹时只要小心点就可以了。儿子，如果你长期封闭自己，没有异性朋友，会使你失去很多宝贵的友谊。大大方方地和男生、女生一起玩，你会感受到很多快乐的。不信你可以试一试！"妈妈说。

王博答应妈妈会克服困难，与男生、女生都交朋友。

其实，青春期的男生与女生只要正常交往，对每个孩子来说都是有益的。女孩一般温柔细腻，男孩有些浮躁好动，如果异性之间能够正常交往，不仅可以互相学习，取长补短，而且可以丰富彼此的情感，提高彼此的智力水平。所以让男孩与女孩坦诚相待、正常交往，也是他们健康成长的必经之路。作为孩子的父母，我们应该鼓励孩子与异性正常交往，只要把握好尺度就可以，这也是提前适应社会的重要一环。

　　亲爱的儿子，对进入青春期的你来说，一定有很多要好的同学或朋友，其中可能也包括女生，在与女生交往时要自然大方，保持一份健康良好的友谊是很美好的，如果你遇到什么困惑也可以和爸爸妈妈说一说，或许我们可以一起想办法解决。

第4章

孩子要把握学习的美好时光

青春期的男孩，正处在浮躁好动的年纪，也处在学习的重要时期。古人云："书山有路勤为径，学海无涯苦作舟。"读书学习需要认真刻苦，也需要有超强的毅力。读书学习虽然是美好的，但也不是一件轻松的事。让孩子爱上学习、高效学习，显得尤为重要。

当孩子明白自己为何而学习、如何去学习后，他们才能真的进入学习状态，学得轻松、学得快乐、学得充实。

而作为父母，在这个阶段，我们不能一味地去督促孩子学习，更要引导孩子如何爱上学习，如何高效学习。养成良好的的学习习惯，总结出适合自己的学习方法。

孩子，为你自己而读书

◎ 解密青春期

青春期正是孩子学习的重要时期，但有些男孩认为学习是为了父母、为了老师，满脑子都是不想学习的念头。怎样才能让青春期的男孩意识到学习是为了自己呢？

(1)父母要学会放手，减少孩子对父母的依赖。

(2)尊重孩子的自我意识，父母不要用所谓的"权威"压迫孩子学习。

(3)与孩子探讨学习的意义，让孩子意识到是为自己而学习。

(4)给孩子讲清楚学习的重要性，让孩子心中有数。

对刚刚进入青春期的男孩来说，他们的逆反心理比较强，比较贪玩，对学习没兴趣、不上进，父母看着十分着急，往往会强制他们去学习。然而父母越是逼迫他学习，孩子的反抗情绪越强，甚至他们认为是在为父母而学习，父母只看成绩，根本就不爱他。面对这样的情形，父母该怎么做才能让自己的一片好心不被曲解呢？

　　小军刚刚升入初中，爸爸妈妈怕他不能很快适应初中的学习和生活，于是经常督促他学习。这让小军感觉爸爸妈妈只知道让他学习，只关注他的考试成绩，根本不爱他。

　　小军不想再为爸爸妈妈学习了，更不想再为了他们考高分了。小军变得不积极，学习也没有动力，他很烦躁。后来小军干脆上课不听讲，看小说、睡觉，甚至逃课去网吧。他要摆脱爸爸妈妈对他的束缚，他越来越放纵自己。老师将小军的情况告诉了小军的妈妈。

　　小军的妈妈和爸爸意识到了问题的严重性，知道了小军的表现，爸爸真想狠狠地揍他一顿。

　　最终爸爸克制住了自己的情绪，找小军认真而严肃地谈了一次话。

　　爸爸说道："小军，爸爸知道进入青春期的你有了逆反心理，你对父母强制要求你做的事情有了强烈的反抗意识。每个家长都希望自己的孩子成绩优异。有时候爸爸看到你没有好好学习，会很生气，很难过，同时爸爸的心里也很着急，生怕你会落后。希望你能明白爸爸的一片苦心，爸爸和妈妈是这个世界上最爱你的人。因为学习，爸爸没少责骂你，你一定恨死爸爸了吧？"

　　小军低着头听着爸爸的话不作声。

　　爸爸又继续问道："你是不是认为你是在给我们学呢？"

　　小军摇摇头。

　　爸爸说："做父母的都担心自己的孩子，生怕孩子将来在社会上无法立足。你们现在多学一些知识和技能，将来到社会上很可能就是你的财富，你现在学习就是在为将来打基础。你知道吗？

一个人的学识会体现出一个人的修养，你这么聪明，爸爸相信你一定明白是什么意思，学习是你自己的事，是为自己学习，不是为爸爸妈妈学习，更不是为老师学习。"

小军听着爸爸说的话，意识到自己之前的行为欠妥。他对爸爸说："爸爸，我以前做错了，请您原谅。"

爸爸和小军聊了很多，小军终于意识到自己不对的地方。爸爸松了一口气，拍了拍他的肩膀说："爸爸相信你，儿子！你一定会为自己的将来努力拼搏的！"

就这样，小军经过不懈努力，终于考上了自己理想的高中。经过中考的筛选后，高中的同学都是和自己水平相当的人，大家都在努力学习。小军虽然感到压力很大，但是他告诉自己：一定要为自己美好的将来而努力学习。

其实人从出生起就在不断学习，学吃饭、学说话、学走路、学穿衣……人生来对学习并不讨厌，是父母和老师对学习的过度重视让孩子产生了心理负担，使孩子对学习有了抵触心理。孩子并没有认识到学习的重要性，也没有意识到学习的目的是为自己。作为父母，我们不要太心急，用心陪伴，对孩子要有耐心，正确引导孩子对学习的认知，引导他认识到学习是他自己的事情，自己要为自己负责。

青春悄悄话

> 　　亲爱的儿子，当你认为学习是为了满足自己的好奇心和想要获取知识时，这时你的学习根本不用他人督促，更不用监督，这样的学习效果一定是好的；而当你觉得学习是为了满足父母和老师对你的要求时，你就会没有学习动力，当然学习效果也不会好。爸爸希望你是第一种，为自己而坚持学习。

怎样才能让孩子安心学习

◎ 解密青春期

对于已经进入青春期的男孩，父母强迫孩子学习只会让孩子越来越惧怕学习，越来越讨厌学习，父母是最了解孩子的人，我们可以运用一些合适的方法来引导孩子，让他以最佳的状态投入学习中。

(1)父母找到孩子的优点并多多夸奖他。

(2)培养孩子的学习兴趣，不断鼓励他。

(3)父母给孩子营造安静、舒适的良好学习环境。

(4)父母不应强迫孩子学习，而应培养他主动学习的习惯。

(5) 父母夸奖孩子的老师，让孩子喜欢教他的任课老师。

进入青春期之后，由于身体和心理的成长发育，男孩的学习状态会出现起伏。躁动不安、注意力不集中等是青春期男孩容易出现的情况。如何让孩子安静地坐到座位上安心学习是父母都要面临的问题。

在这个时候，作为父母，我们首先要做的是要理解孩子，关心孩子，知道他们哪里出现了问题，什么事情触动了他们躁动不安的心，然后根据具体情况帮孩子解决问题。

同时我们还要为孩子创造舒适的学习环境，让孩子能够安心学习。另外还要注意为孩子减压，不要人为地给孩子制造压力，让孩子轻装上阵，快乐学习。

亮亮是个从小就很听家长话的乖孩子，父母让他好好学习，少看电视。

妈妈将他的玩具都收起来，亮亮没事只能去写作业。亮亮的成绩也一直不错，妈妈觉得她的这种教育方法不错。

最近亮亮上了初中，进入青春期了，看着亮亮在书桌前认真地写作业，妈妈觉得很是欣慰。可是等到期中考试成绩出来后，妈妈却不淡定了。"为什么亮亮每天都在书桌前认真学习，成绩却并不令人满意呢？"

妈妈看着亮亮的成绩单，无奈地给老师打去了电话，想要寻求老师的帮助。

妈妈向老师诉说道："我儿子每天放学一回到家就坐在那里认真学习，怎么考试成绩会那么差呀？"

老师说道："如果孩子坐在书桌前确确实实是在认真学习，即使学习方法不正确，也不至于成绩这么不理想，您确定他确实是在努力学习吗？"

妈妈有些不确定了，之后妈妈悄悄地观察了亮亮几天，原来他并没有在书桌前认真写作业，而是在那里一会儿画画，一会儿看小说，又或者是在那里发呆，不知在想什么。

妈妈终于知道了原因。原来亮亮每天坐在书桌前学习是一种假象，那些书本是他伪装的工具。

妈妈开始反思自己的教育方法，反思孩子的行为。

在这个世界上，父母是与孩子接触时间最长的人，也是最了解孩子的人，父母就是孩子最好的家庭教师。青春期的孩子学习科目增多、作业量增加，每天埋头在书海中，不知不觉中增长的学习压力需要一个人来理解他，帮助他，正确引导他，而不是强迫他，更不是目的性极强的、命令式的、具有强制性的催促。

伟大的文学家托尔斯泰曾说过："成功的教育所需要的不是强制，而是激发孩子学习的欲望。"是啊，教育是一门艺术，父母能够正确引导孩子更是一种智慧。让孩子在不知不觉中感受到知识的力量，激发孩子掌握知识的欲望，只有这样孩子才会思考，才能自主获取更多的知识!

青春悄悄话

> 　　亲爱的儿子,学生时代是人生中最美好的时期,爸爸妈妈希望你意识到知识的重要性,明白学习的重要性,好好珍惜学习的机会,你现在所学的知识将会成为你人生中不可或缺的宝贵财富。

怎样才能让孩子高效学习

◎ 解密青春期

　　对于进入青春期的男孩,相信他们已经意识到了学习的重要性。有的孩子明明很努力,成绩却不是很理想。相信很多父母和孩子非常关心怎样才能提高学习效率吧!

　　(1)课前认真预习。

　　(2)上课认真听讲,带着以下问题去听课:本节课的重点、难点、易错点分别是什么?

　　(3)课后要对当天所学的知识进行复习。

（4）合理利用时间，有计划地安排学习任务。

（5）总结适合自己的学习方法。

（6）张弛有度才能高效学习。

青春期正是孩子学习的重要时期，他们在这一阶段将面临升学、中考、高考等人生中的一些大事。学习是一件长久的事情，有的孩子看似每天坐在教室里认真听老师讲课，下课也很少出去玩，抓紧时间做笔记、做练习，看似很用功，成绩却并不理想。

很多青春期的男孩看似学习很努力，学习效率却并不高。作为孩子的父母，我们可以和孩子一起分析查找原因，找到阻碍孩子成绩提高的根本原因，然后与孩子一起研究到底怎样做才能提高学习效率。

小宇每天放学后，总是先回到自己的房间做作业，等他将每一项作业都做完整理好放到书包中，时间已经很晚了，每天都要奋战到晚上十一二点才睡觉。

小宇每天这样努力，他的成绩却在班里只是中等。小宇很难过，爸爸妈妈也很纳闷：为什么小宇每天这样努力，成绩却还是不见提高呢？

爸爸问小宇："儿子，你们班的其他同学每天写作业都写到几点？他们也和你一样每天都那么晚才睡觉吗？"

"我们班的同学？别人我不清楚，但我知道王琦，他每天都不熬夜，学习很轻松，最可气的是他的成绩还一直在我们班前几名呢！真是不公平！唉！他可能比我聪明吧！"小宇很无奈地说道。

爸爸说："别泄气，爸爸和你一起查找原因、抓症结，破解学习中遇到的难题。"

"好的，爸爸！"

爸爸意识到小宇可能是学习方法出现了偏差，导致学习效率不高。

于是便和小宇坐在书桌前，一起分析起原因来：

(1) 时间规划不太合理，有时会在那里一连写两小时，有时写一小会儿就发呆，没有按时间段去规划学习和休息。

(2) 在写作业之前没有认真复习当天所学的知识，有知识漏洞。

(3) 没有及时整理每天的错题，更没有系统地复习，下次出现类似的题目可能还会做错。

(4) 做作业大多只是应付差事，知其然、不知其所以然。

爸爸和小宇一起找到了小宇学习中存在的问题，爸爸说道："儿子，尽管你每天学习到很晚，看起来很用功，但是学习效率并不高。今天我们一起找到了学习成绩不理想的原因，只要你改掉这些不好的做法，将有限的时间合理利用，有计划、高质量地完成学习任务，相信你的成绩会有大幅度提高的。"

小宇知道自己有这么多问题，虽然心里很不高兴，但是他还是决定试一下。

在爸爸的帮助下，小宇慢慢地改掉了自己的那些不当方法，学习效率明显提升，而且不用每天熬夜了。

其实很多青春期男孩与小宇有相似的做法，小宇的情况也是很普遍的现象。作为父母，我们不仅要督促孩子学习，而且应该多与孩子交流，发现问题，找到症结，并想办法解开这些症结，如此这般就能快速提高学习效率了。

要遵循大脑的工作规律，不要长时间学习，也不要一直休息，最好是制订好学习计划，学习 1 小时就让大脑休息一会儿，让自己放松一下，再进行下一项的学习。提高学习效率也是提高学习成绩的重要环节。

青春悄悄话

　　亲爱的儿子，爸爸知道现在你的课业比较繁重，时间比较紧张。你可以列出每日详细的学习计划，进行有序学习，这样既不会遗漏某项任务，还能使自己的学习、生活井井有条，使学习更高效。

孩子考试失利，更需要父母的支持

◎ **解密青春期**

对于已经进入青春期的男孩，他逐渐懂得了学习对他的重要性，因此他对自己的学习成绩是非常看重的。然而，并不是每个孩子都能考出自己理想的成绩。如果孩子在考试中失利了，父母该怎么办？

(1) 父母和孩子都要调整心态，接受现实。

(2) 父母和孩子一起找出考试失利的原因，引导孩子发现自己学习中存在的问题。

(3) 挖掘孩子做得好的地方并表扬，增强孩子的自信心。

(4) 让孩子主动分析考试结果，总结经验，吸取教训，提出今后改进的方案。

孩子从小到大，不知道要经历多少次考试，有的孩子对自己的成绩并不是太在意，而有的孩子则十分关注自己的成绩。当今社会，父母和老师对孩子的考试分数过度关注，使得一些孩子一到考试就紧张，生怕自己考不好，让父母生气、失望。

其实，每个孩子的内心都是积极向上的，都希望自己在考试中获得好成绩，得到他人的认可与肯定。当孩子考试失利时，他的内心是难过的，这时需要父母理解他，支持他，无条件地爱他。无论孩子考多少分，父母都要接纳，保持镇定，控制好情绪，与孩子真诚地沟通，理解和支持孩子在这时就显得尤为重要。

李帅今年九月升入初中了，成了一名初中生，初中的生活和学习紧张而有序。李帅的学习成绩还不错，在班里一直处于前十名，这让爸爸妈妈很欣慰。

初一的第二学期，一次数学测验成绩出来了，李帅考得很不理想，他的成绩下降到二十几名。李帅的心情糟糕透了，心情一下子跌到了谷底。这一天的课他都没怎么听进去，晚上放学回到家，告诉妈妈自己没考好，心里好难受。

妈妈深知李帅在学习方面很努力，一次考试失利并不能代表什么，也绝不会影响到他以后的成长和成才。孩子这次没考好他自己肯定比谁都难过，于是妈妈温和地说："儿子，妈妈很心疼你，你这次虽然没考好，不过没关系，一次考试而已，说明不了什么。一次没考好并不能说明你没努力，妈妈知道你其实已经非常努力了，咱们继续加油，争取下次考好。妈妈相信你的能力。"妈妈边说边拍了拍李帅的肩膀。

接着妈妈又继续说道："儿子，考不好没关系，咱们一起分析分析是什么原因导致的吧！"

于是李帅说出了大概的原因。

妈妈知道自己现在能做的就是理解孩子，并接纳孩子现在的状态，尽力帮助孩子解决问题。孩子在学习上的压力已经很大，作为父母不能再给孩子增加压力了，多鼓励孩子，让孩子知道父母信任、理解和支持他。

很多家长在听到孩子成绩大幅度下降时，会控制不住情绪，责骂甚至打骂孩子，他们会认为是不是孩子没有用功学习？是不是上课没有好好听讲？父母是孩子人生的导师，这样做非但给不了孩子任何的信心和正能量，甚至可能会打击孩子的学习兴趣和学习动力。

在考试中，很多时候并不是孩子想考好就能考好的，有很多因素，如勤奋程度、细心程度、学习能力、学习方法、心理素质等都会影响孩子的考试成绩。每个孩子身上都有其独特的优点，父母要多发现孩子的闪光点，表扬并帮助孩子发扬光大。父母要从孩子长远发展的角度来看，一个孩子将来是否优秀，与他现在的某次考试成绩并没有直接联系。孩子学习的目的不是考高分，而是要培养孩子拥有高尚的品德和良好的习惯，更重要的是让孩子学到分析问题、解决问题的能力。因此父母不要一味地给孩子施加压力，而是应该支持他、帮助他、鼓励他，让孩子更阳光、更自信。

青春悄悄话

> 亲爱的儿子，对进入青春期的你来说，可能面对的学习压力会逐步增大，大大小小的考试也会有很多，考出理想的成绩当然令人高兴，但如果考试失利了也不要害怕，爸爸妈妈也不会因为你的某次考试成绩不理想而责怪你，面对困难时你要积极想办法解决，也可以向老师、同学或爸爸妈妈寻求帮助。

孩子的厌学情绪需消除

◎**解密青春期**

有些进入青春期的男孩，不知从什么时候开始产生了厌学情绪。这是很多父母不希望看到的。那该如何处理学习中的一些厌学情绪呢？父母可以给孩子一些建议。

(1)适度放松，调整当前的状态，如通过跑步、打球、游泳等运动缓解压力。

(2)找老师、父母、朋友谈心，说出自己的困惑。

(3)什么也不管，大睡一觉，彻底放松。

(4) 静下心来思考：自己接下来要干什么？

(5) 听音乐或看小品，让自己保持好心情。

据抽样调查显示，目前我国有三分之一的学生对学习表现出厌恶的情绪。这种厌恶情绪其实就是人们所说的厌学。厌学情绪指的是学生在对待学习活动时的消极行为和消极反应。

当男孩进入青春期时，有些孩子会出现叛逆行为，本应该以学习为主，但是孩子对学习没兴趣，他们觉得学习很枯燥，对学习缺乏主动性，着实令父母头疼。那么，究竟是什么原因导致孩子产生厌学情绪的呢?

(1) 父母强迫专制，对孩子要求苛刻。

(2) 学校生活紧张，课业负担过重，孩子难以适应。

(3)孩子对老师的某些做法不认同,讨厌老师,从而讨厌这门课。

(4) 教师的教学方式呆板、不够新颖，无法吸引孩子学习。

小轩是初一年级的学生，现在他只要一听到"学习"两个字就觉得心烦，他不想写作业，不想上学，现在他在班里的成绩属于中等水平。

"每天就知道学学学，真不知道老师是怎么想的，留那么多作业。"小轩的心情很烦躁，只要老师留的作业一多，他的心情就会变得很糟糕，不想写甚至连笔也不愿意拿出来。本来用不了两小时就能做完的作业他非要磨蹭到三小时。做作业不专心，学习不够努力，对学习常常有不满情绪。他觉得学习没有一点儿意思，也没有什么用处。

小轩的烦恼让他陷入了厌学的状态，妈妈看着他的状态不佳，也一直为他着急。

妈妈通过查阅相关资料、看书等学习了很多相关知识，知道了孩子的年级越高，自我意识越强，孩子的反抗行为也会越来越明显，这时如果父母强迫他学习，不但不利于他学习自主性的培养，反而会将他的反抗意识激发起来，妈妈一边看书一边完善自己。

妈妈端着一杯水来到小轩的房间，决定和他坐下来好好聊聊。

妈妈说道："儿子，妈妈知道你们现在的学习科目有很多，每天的学习时间长，休息的时间短，而且你们现在面对的竞争压力也很大。"

小轩点点头："是啊，我太难了。"

妈妈非常同情小轩："儿子你想过没有，每一天都是新的一天，在新的一天里我们是要快快乐乐地度过，还是要愁眉不展地度过呢？"

"那当然应该快快乐乐地过呀。"

妈妈又继续说："那么你在学校是不是也应该快快乐乐的呀？既然现在你的主要任务是学习，那为什么不愉快地去学习呢？假如你每天都愁眉苦脸地去上学，愁眉苦脸地面对作业，那你每天就都活在不开心中。你愿意一直这样吗？"

小轩摇摇头，说道："可我一看到那些作业就发愁，怎么办啊？"

妈妈说："你的心理现在就是惧怕学习和写作业，你每天可以对着镜子里的自己说：'我爱学习，我要战胜一切困难，我要让自己变得强大起来。我一定行'。每天给自己积极的心理暗示，让自己开开心心地学习，只有积极主动地做一件事才有可能做得好。儿子，你觉得呢？"

小轩沉默了，最后说道："妈妈，我试一试吧！"

其实，孩子天生是不反感学习的，他们本身对这个世界充满了好奇，而学习和读书都可以满足他们对这个世界的认知需求，学习在他们的心中应该是神圣的。青春期的孩子，由于学习科目较多，每天孩子都邀游在书海中，孩子在默默背负着繁重的学习压力，他们很迷茫，不知道怎样才能减轻这种压力。学习成绩没有提升，考试总出现失误，上课总是不能集中注意力听讲，这些都会使孩子深陷其中不能自拔。

只要孩子产生了厌学情绪，这种不良的情绪就会影响他的心情，会妨碍他的认知和记忆水平，还可能会降低他对事物的理解能力和分析能力。其实这种情绪是可以缓解的，先教孩子调整自己的状态，消除内心对学习的抵触，克服困难，然后激发孩子的学习动力，让孩子对学习多一些耐心——人只有以积极愉快的心情学习，效果才能事半功倍。

青春悄悄话

亲爱的儿子，爸爸妈妈知道随着你的逐渐长大，你要学习的知识越来越多。每个人的成长过程都离不开学习，你不要给自己太大的压力，慢慢找到适合自己的学习方法和技巧，自己只管努力学就行了，你要做好自己应该做的事情，现在努力拼搏会为将来打下坚实的基础，这将成为你一生的财富。

每次考试都会紧张

◎解密青春期

进入青春期的男孩，在思想上逐渐意识到了学习的重要性，明白了考试是证明自己实力的机会，因此他们会非常重视考试。由于过度重视成绩而压力大，产生一考试就紧张的情况。父母应该怎么帮助孩子改变一考试就紧张的情况呢？

（1）父母多与孩子沟通，让孩子明白学习很重要，考试只是用来检验自己学习效果的一种方式，并不是判断一个人好坏的唯一标准。

（2）告诉孩子不要因为考试而延长学习时间、减少睡眠时间，这样会使生物钟紊乱，从而加重紧张和焦虑的情绪。

(3) 通过适当的体育运动或轻快的音乐来缓解紧张的情绪。

(4) 在考试中先做会的题，不会的题最后再做，这样可以减轻心理压力。

其实青春期的孩子遇到考试出现紧张情绪是很正常的，适当的紧张情绪有利于孩子提高警惕。但是如果孩子的心理素质差，一考试就容易紧张，这样就会影响孩子的身心健康，以及在考试中的正常发挥。作为家长，我们要多与孩子沟通，及时对孩子进行心理疏导，不给孩子压力，让孩子明白努力的过程比结果更重要。

刘超现在上初一，因为课业变得繁重，经常写作业写到很晚。临近期中考试时，他觉得自己还有很多知识点没有完全掌握，需要背的知识还不是太熟练，总觉得自己复习得不够充分。

刘超紧张的心情不仅影响了他的正常听课，而且影响了他晚上的睡眠质量。他每天学习到晚上十一点才睡觉，等上床休息时，他又回想自己复习的情况，越想越清醒，甚至脑子亢奋到凌晨一两点。刘超生怕自己考不好，那样既对不起父母，又对不起老师，于是一到考试他就紧张得睡不好觉，甚至有如临大敌般的恐惧心理。

班主任老师发现刘超最近的上课状态不太好，便将他的情况与他的爸爸进行了沟通。爸爸听到老师说刘超上课注意力不集中、打瞌睡等情况频频出现，想要跟他了解一下原因，并帮助他改掉这种不良情况。

于是，便决定找刘超好好聊一聊。晚上等刘超放学回来，爸爸来到刘超身旁坐下来，关心地问道："儿子，你最近怎么看起来很疲惫呀，是不是学习太累了？"

刘超唉声叹气地说道："爸爸，我们马上就要期中考试了，我规定自己每天都要复习到晚上十一点。我很努力地去复习，但是我感觉自己还有很多内容没有复习到位，晚上睡觉时总是出现睡不着的情况，所以感到很疲惫。"

爸爸知道刘超最近因为考试紧张而影响了睡眠质量后，意识到这不是件小事情。

于是便开导他："儿子，最近要期中考试，想要取得好成绩，就要有计划地复习，这很重要。你不要太紧张！考试只是检验你最近一段时间学的知识是否掌握，它是一种查漏补缺的手段。你不要把考试的分数看得太重要，自己学到了知识才是最重要的，放松一些！"

刘超还是有些无助地说："爸爸，我很害怕，也很紧张！我怕自己考不好，那样太丢人了。我越担心就越睡不着。"

爸爸拍了拍刘超的肩膀说："儿子，别紧张！只要你平时上课将知识点学扎实，然后有计划地去复习巩固，考试就没问题！你每天都那么努力，爸爸相信你，你也要相信自己哦！"

爸爸给了他无穷的力量和信心，刘超说："谢谢您，相信我，爸爸，我会尽快调整自己的状态的。"

"好，爸爸相信你！"爸爸说道。

　　青春期的孩子考试紧张属于一种情绪反应，当孩子觉得考试会对自己构成某种潜在的威胁时，便产生这种紧张的心理，他们总处在担忧中。针对孩子这样的情况，作为父母，我们要采取有针对性的方法帮孩子缓解这种紧张情绪。在平时与孩子的交流沟通中，要避免使用威胁性、恐吓性的语言，要弱化考试成绩差可能产生的后果，培养孩子豁达乐观的性格，培养孩子笑对失败的勇气，让孩子不再惧怕考试，从容应对。

青春悄悄话

　　亲爱的儿子，又快要考试了，你不要给自己太大的压力，平时上课只要利用好每一分每一秒，提高学习效率，课下按时完成作业，有计划地复习、预习就可以了，考试时认真作答，不要紧张，发挥出自己的真实水平就行。

帮孩子摆脱偏科的困扰

◎解密青春期

　　进入青春期的男孩，在学习上很可能因为各种各样的原因出现偏科的现象，作为父母，我们应该如何帮孩子摆脱偏科的困扰呢？建议各位爸爸妈妈可以从以下几点入手。

（1）父母真切理解孩子内心的感受。

（2）帮助孩子建立学习的自信。

（3）帮助孩子消除恐惧心理。

（4）帮助孩子找到解决偏科问题的方法。

（5）帮助孩子获得成就感。

很多青春期的男孩在上中学后就出现了明显的偏科情况，孩子其实也很想把那些科目学好，但导致偏科出现的因素有很多，比如个人喜好、老师的因素、外部环境的刺激，等等。当父母看到孩子偏科时，可能会批评孩子学习不够努力，当看到孩子为了自己不喜欢的科目努力学习，成绩仍没有突破性进展时；当看到孩子整日愁眉苦脸，甚至不愿意继续坚持时，作为父母的我们该怎样引导孩子呢？

宇航已经是高三的学生了，他在班里一直是属于前十名的好学生。大家一定认为他每门功课都学得很好吧！

错！他的语文和英语成绩在班里经常排第一，老师也经常夸奖他。可数学是他的致命弱点。数学是他花费时间最多的科目，但效果总是不尽如人意，通常只能考三四十分，最高也不超过70分。

严重偏科让宇航心中非常焦急，他知道，如果数学成绩提不上来，会对他产生非常不好的影响。

有一次，宇航的数学只考了 32 分，他难过极了。他纳闷，为什么将绝大部分的课余时间花费在数学上，成绩却没有提高反而还下降了呢？

宇航因为没有考好而心情沮丧，爸爸看在眼里，疼在心里。爸爸安慰宇航："人没有十全十美的，世界上的许多伟人在某一方面有卓越成就，但在其他领域也并不精通啊。比如说，中国语言学家、文学家、史学家季羡林爷爷，他小时候文理偏科就很严重，当时报考清华大学时他的数学只考了 4 分；还有中国作家、学者钱锺书，他在数学方面也是有欠缺的，当年数学只考了 15 分，但他依然上了清华大学。"

宇航的心里虽然舒服了一些，但还是不甘心："季羡林爷爷和钱锺书爷爷真是太厉害了，但我的高考数学如果分数太低，我怕会影响我的总成绩。"

爸爸来了兴致，说道："儿子，你能认识到这一点已经很了不起了。爸爸很想助你一臂之力。"

宇航眼里闪着光，问道："什么意思？怎么助我一臂之力？爸爸你快说说。"

爸爸说："我想和你比一比，从明天起，我和你一起复习数学，咱们从高一的课本着手，每天复习完进行考试，最后看谁的得分高，得分低的一方洗咱们两人的袜子，你觉得怎么样？敢不敢比？"

宇航不服输的劲儿被爸爸调动了起来，满口答应道："比就比，谁怕谁。"

就这样，爸爸和宇航较量了起来，每天各自先复习功课，到晚上约定的时间坐在一起进行考试。考完后两人共同分析试卷情况，爸爸有不懂的还让宇航给他讲题。时间一长爸爸也学到了很多知识。关键的是宇航的数学成绩逐渐有了起色，数学成绩的提高给了他很大的自信。宇航学习起来也更有动力了。

偏科现象的出现是多方面原因造成的，很多时候并不由孩子的主观态度所决定。当孩子在学习中遇到困难无法逾越从而产生沮丧心理的时候，也许偏科的种子就已经种下；当父母或老师一句无心的批评让孩子对某学科课程产生厌倦或焦虑情绪的时候，也许孩子在这门课程的进步就已经停滞了；还有可能是当孩子对某个难题陷入困惑，即使获得引导，也会导致这门课程成绩落后。总之很多原因能导致偏科，作为父母，我们要多关心孩子的学习，及时为孩子提供必要的帮助，鼓励孩子克服困难，跟孩子一起渡过学习上的难关。

青春悄悄话

　　亲爱的儿子，上中学的你会发现很多同学出现偏科现象，有的喜欢文科，有的喜欢理科，对于你来说也可能会出现这种情况，某一科成绩出现掉队，尤其是自己努力了却没有效果，容易使你灰心。偏科虽然不是你的错，但该学的内容还是要努力学，你要克服恐惧心理，找到适合自己的学习方法，力争突破偏科问题。

学习要稳扎稳打，永不言弃

◎ **解密青春期**

青春期的男孩由于课程内容越来越多，感到学习越来越吃力，自己能听懂的还好，听不懂的科目或知识让孩子备受煎熬。那么，怎样才能让孩子将知识学扎实呢？

(1) 培养学习兴趣，兴趣是最好的老师。

(2) 创设良好的学习氛围，要安静舒适。

(3) 与孩子多交流、多沟通，遇到不懂的问题及时提出来。

(4) 合理规划自己学习和生活的时间。

(5) 让孩子给自己定好学习和超越的目标。

小学阶段的学习注重的是基础知识，一般情况下学习起来并不会感到吃力。但是到了中学，课业负担增多，要学习的知识也多了起来，有的孩子对自己所学的知识掌握得非常牢固，而有的孩子则吃不了学习的苦，平时不用心，一到快考试的时候便开始突击学习，知识掌握得不是很牢固。父母该怎样引导孩子平时将知识学扎实呢？

　　凡凡和丁丁是一对好朋友，丁丁是个特别爱学习的孩子，而凡凡则不怎么爱学习。

　　凡凡的爸爸眼看着儿子进入中学还是很贪玩，似乎对学习并没有多大兴趣，因此很是担心。

　　一天，爸爸想出一个好办法，让凡凡叫上他的好朋友丁丁来家里做客，爸爸给他们做好吃的。

　　丁丁和凡凡玩了一会儿就吃饭了，他们边吃边聊，开心极了。

　　爸爸故意好奇地问："凡凡，你为什么喜欢和丁丁做朋友啊？"

　　凡凡说："丁丁不但人好，学习也好，他在我们班可是学习委员呢。"

　　"呀，看来我儿子眼光不错啊！"爸爸说道。

　　"哪有他说的那么好。"丁丁谦虚地说。

　　爸爸继续说道："丁丁，你学习那么好，给我们分享分享经验吧，你是怎样学的？"

　　丁丁说："其实也没什么，我就是平时将老师讲的那些内容都掌握了而已。"

　　爸爸来了兴致，继续追问道："那你平时是怎么将知识学扎实的呢？"

　　丁丁说："课前认真预习，课后及时复习，平时有难题或错题，自己先认真思考，确实不会再向老师或同学请教，直到弄明白为止。然后将这些难题或错题记录在错题本上，有时间就拿出来看一看。"

　　爸爸不禁赞叹丁丁的学习方法好，也想让凡凡借鉴一下。于是爸爸继续问："凡凡，你觉得丁丁的方法好吗？"

"当然好啊！我决定以后要向丁丁学习，也像他那样努力学习。这样省得每次考试都让人手忙脚乱的。"凡凡赶紧说。

丁丁说："太好了，以后我们一起学习。"

爸爸说："你们可真是一对好兄弟啊！"

学习是一件很辛苦的事情，我们常说一分耕耘一分收获，学习就是这样，只有踏踏实实下苦功夫，才能获得理想的成绩。青春期的孩子，很多时候会心浮气躁，沉不下心来学习，知识掌握得不扎实，时间一长，就会跟不上学习的节奏，陷入困难之中。作为父母，首先要鼓励孩子树立远大的理想信念，明白学习对于人生发展的重要性，同时还要教会孩子一些学习的方法，让孩子扎实掌握所学知识。知识学扎实了，孩子才能不断接受新的知识，朝自己的目标迈进。

青春悄悄话

亲爱的儿子，爸爸知道你现在学习任务较重，学习考验的不仅是学习方法，而且还考验个人的学习能力、分析问题的能力、解决问题的能力，而这些又将帮助你掌握牢固的知识。儿子，平时要稳打稳扎，不要等考试时再突击，那样学到的知识是暂时的。当你学累了的时候，可以听听音乐，活动活动身体，到窗边眺望一下远方，也可以到户外散散步，放松一下，但千万不要放弃。

第5章

父母与青春期男孩的亲子时光

　　父母该如何与青春期男孩处理好亲子关系，怎样与孩子度过美好的亲子时光呢？首先，父母要多倾听孩子的心声，多理解孩子，少责备孩子，有些青春期的孩子内心是叛逆的，但心理又是脆弱的，他们十分渴望得到父母的理解。其次，要互相尊重，因为青春期的孩子自尊心特别强，父母在与孩子交流时要注意说话方式和语气，尊重孩子，不能用命令或责备的口气，更不能一直唠叨他。当孩子遇到困难和挫折时，帮助他、鼓励他、支持他，与孩子共同面对，引导他走出困境。然后，父母与男孩多一些共同的兴趣、爱好，就会多一些亲子互动的时间，将亲子关系维持好，父母有很多观点都可以在这时候讲出来，与孩子共同探讨，孩子也不会有逆反心理，增进感情的同时也可以共享亲子时光。

父母的唠叨使孩子很烦

◎ 解密青春期

青春期的孩子最不喜欢父母的唠叨，唠叨是良好亲子关系的"天敌"，那么父母如何做才能成为不唠叨的家长呢？

(1) 父母尊重、接纳孩子的所有。

(2) 父母要言传身教，不要总是指手画脚。

(3) 父母要改变自己的说话方式，注意说话语气，每次只说重点。

(4) 父母要静下心来，让孩子把话说完整。

(5) 父母要学会放手，让孩子直接体验成功与失败。

父母的唠叨，其根源在于自身的焦虑。生活的压力使得父母有了焦虑情绪，并在不知不觉中将这种焦虑情绪转嫁给了孩子。唠叨其实是父母对孩子过度关爱的结果，虽然出发点是好的，但是容易给孩子带来一定的压力。父母不断地唠叨，时间久了孩子就会产生逆反心理，在孩子的心中觉得父母对自己不信任。

培养孩子，父母千万不要急于求成，更不能急躁，要循序渐进地引导，另外，父母要敢于放手，将那种事无巨细的照顾改为适当放手，将没完没了的唠叨改为只说重点，耐心地陪孩子一起成长。

乐乐已经是初三的学生了，马上就要面临中考，妈妈看他仍然一副不着急的样子，很着急，经常催促他抓紧时间学习。

一个周末的上午，乐乐在沙发上坐着看一本小说，正看得入迷，妈妈按捺不住内心焦虑的情绪，走过来很不高兴地催促道："乐乐，你的作业写完了吗？你已经是初三的学生了，怎么还不重视学习呀？"

"马上就去！"乐乐说道。

但是乐乐并没有马上行动，仍然津津有味地读着那本小说。

过了一会儿妈妈见他还在看小说，又催促道："我刚才说的话你听到了吗？让你写作业去！"乐乐说："知道了，别说了！"

他觉得妈妈很烦，就这一会儿的时间妈妈催了他好几次，他拿着书便走开了。

下午的时候，乐乐在那里看电视，妈妈又说道："乐乐，你现在已经是初三的学生了，抓紧时间赶快学习吧，你怎么一点儿也不着急呢？"

就这样乐乐在看电视的时候又被妈妈数落了一番，他生着闷气，回到了自己的房间。"妈妈总是不停地唠叨，不停地唠叨，学习！学习！除了学习就没有别的了，真是烦人啊！"

然而他回到自己的房间也并没有看书、学习。

父母是这个世界上最关心、最在乎孩子的人，也是孩子人生旅途中最坚实的后盾。当孩子有困难时父母会义无反顾地帮助孩子、爱护孩子。只是有时候父母与孩子的想法不同，父母望子成龙的心情孩子体会不到，父母担心孩子走弯路，总是不停地对孩子唠叨，父母觉得说一次不听，就说两次，两次不听，就说三次，说多了总会听的，由此也就变成了孩子眼中的唠叨家长。然而家长越唠叨，孩子越不听。作为父母，千万不要变成唠叨型家长，要学会与孩子建立有效的沟通，善于倾听孩子的心声。

青春悄悄话

　　亲爱的儿子，已经进入青春期的你可能会觉得父母的唠叨很烦。儿子，爸妈的唠叨是爱你的一种表现。作为父母，对你总是不放心，总是害怕你犯错，总是希望你的人生道路能够一帆风顺。希望你能够体会到父母对你的爱，学会与爸妈有效沟通，和父母成为好朋友。

请给孩子一些自由成长的空间

◎解密青春期

　　青春期的男孩，在成长中渴望自由、独立，作为父母，我们也要适当放手，不要总想着控制、监视孩子，请给孩子一些自由成长的空间。

（1）给孩子自由安排时间的权利。

（2）给孩子玩的自由。

（3）给孩子营造宽松、开放、积极的环境，让其自由成长。

青春期的孩子，其生理和心理都在飞速发展，有时心理的发育速度跟不上生理的发育，导致孩子内心失去平衡。他们自认为自己长高了，成大人了，自己有能力照顾自己了。这一时期的孩子拥有强烈的独立愿望，他们不希望父母总是无微不至地关心自己，更不希望父母对他的学习和生活指手画脚，他们甚至对父母的管教越来越不服气。青春期的男孩，价值观初步形成，向往独立，父母在生活或学习上对他们的关照却被他们当作自己独立的障碍，为了体现自己的独立，他们可能会不顾一切地将这种障碍打破。父母最好给孩子创设比较宽松的、开放的、积极的环境，并遵循孩子的天性来引导他成长。

杨帆现在已经上了初中，感觉自己已经长大了，从前一直很听话的他面对父母对他的教育显得很不满意。在家妈妈不让他看电视，不让他玩电脑，而且父母对他的管控也越来越严格。

杨帆正要出门，妈妈就问他："儿子，你去哪儿呀？"

"找同学玩。"

"找谁玩？"

"妈，你就别问了，我告诉你你也不认识啊！"他说道。

妈妈说："是吗？那你们打算去哪里玩呀？"

杨帆很是不耐烦地说道："妈，你问这么多干什么呀？难道我跟朋友出去玩一会儿都得跟你汇报得清清楚楚吗？"

"臭小子，我关心你才问你的，怎么还不能问了？"妈妈不满地说。

"你这是关心吗？这是看管！是控制！每天都像盯着贼一样盯着我，我的一举一动都得在你的掌控中，你还叫不叫人活了？"他冲着妈妈大吼起来。

说完便摔门出去了。

母子之间的关系就这样在大吼大叫中陷入了僵局。

妈妈被杨帆的吼叫声吓坏了，这还是那个乖巧听话的儿子吗？妈妈很生气。

妈妈反思自己的行为，自言自语："难道真的是自己对孩子的管教太严了？儿子现在正处在青春期，对什么都很敏感，如果再这样下，去我们之间一定会经常出现矛盾的，我应该好好和他沟通沟通。"

等杨帆晚上回家后，妈妈走进杨帆的房间。

"儿子，妈妈想和你好好聊一聊，可以吗？"

"嗯！"杨帆点点头。

妈妈说道："儿子，妈妈平时对你管教得是不是太严厉了？你是不是对我有意见啊？你可以和妈妈说说你的真实想法吗？"

杨帆说："我说了你不许生气啊！"

"嗯，行！我答应你，不生气。"妈妈说。

杨帆有了妈妈的保证，这才说道："妈妈，我已经上初中了，不是小孩子了，你就别再事事都要过问了，有些事情我可以自己做主，我也知道什么该干，什么不该干。妈妈，你就给我点自由空间吧！"

妈妈感叹道："行吧！妈妈知道平时管得有点多了，剥夺了你的很多自由，今后妈妈一定改，让你自由成长！"

青春期的孩子，精力旺盛，脾气火暴，既渴望被重视，又渴望自由和独立。在这一时期，假如父母的哪句话没说对或哪件事没做对，他们可能就会与父母对抗，不顾一切地排斥并作对，从而引起亲子矛盾。所以，如果父母对孩子关注得太多，甚至采取一些强制措施，那么就会对孩子的自由、健康、快乐不利。因此，请爸爸妈妈适当对孩子放一放手，给孩子一些自由成长的空间。相信，自由的孩子才会自律！

青春悄悄话

亲爱的儿子，自从进入青春期后，你认为自己已经长大，有时一点儿也不愿意听爸爸妈妈的话，你希望不再被我们管教，渴望独立、自由。我们会尊重你，给你一定的自由，但我们提醒你一下，青春期阶段的孩子极容易冲动、容易犯错，希望你能虚心听取别人的意见，不断提高自己。

父母避免给孩子贴"负面标签"

◎ **解密青春期**

当父母与孩子在一起时，很多家长喜欢给孩子贴标签，标签有正面和负面两种，而我们的父母常常喜欢给自己的孩子贴负面标签。负面标签是一种非常消极的心理暗示，对孩子的影响非常大。那么，父母如何才能避免给孩子贴负面标签呢？

(1)父母首先要认识到给孩子贴标签会对孩子的成长造成影响。

(2)当孩子出现问题时，父母不要责骂、恐吓孩子。

(3)不论孩子出现任何问题，父母先冷静，控制好自己的情绪，再想办法处理事情。

(4)父母要注意与孩子的说话方式，减少负面词语的运用。

在我们的生活中，经常看到很多家长因为孩子在某件事情上没有做好或者不会做，就说孩子"笨"，甚至说孩子是个"猪脑子"，父母在不知不觉中给自己的孩子贴上了负面标签。还有很多这样的情况，当孩子想要尝试一下新鲜事物的时候，父母总是担心孩子会受到伤害，没等孩子回答，家长就替孩子说"不行，你做不了"。父母这样的言语也给孩子贴上了负面标签，传递给孩子的信息就是"我非常笨，自己做不了这样的事情""我不行"。当孩子长期被父母贴上这样的负面标签时，孩子在潜意识中也就形成了自我形象，并对自己的语言和行为作出负面评价，从而产生消极的心理暗示，进而影响孩子的成长。

丁丁已经 15 岁了，正在上初中的他非常努力。他的学习成绩在班里一直排在前五名，妈妈对他的学习成绩很满意。

转眼间，初三的期中考试如约而至，丁丁有些紧张，状态不是太好，没有发挥好，考试成绩不理想。妈妈对他现在的成绩很不满意，就开始唠叨。

"你是不是上课没好好听讲，课下没有好好复习？"妈妈生气地质问丁丁。

丁丁只是低着头不说话。

妈妈又继续说道："现在已经是初三了，是最关键的一年，你不努力就会被别人甩到后面，你看看你的同桌，多努力呀！每天五点就起床背英语了，再看看你，每天都快六点了还不愿意起，你要是有他那样努力学习的劲头怎么会考不好呢？"

其实丁丁已经很努力地学习了，只是他最近学得太累了，所以起得没那么早，妈妈就说他不努力，丁丁的心里很不舒服。

妈妈继续唠叨，丁丁开始怀疑自己：是不是我真的像妈妈说的那样不够努力？考不出好成绩，估计是因为我不够聪明吧！丁丁因为妈妈说的话而对自己产生了怀疑，对自己没有了信心。

父母看到孩子的成绩不理想就批评孩子："是不是不够努力？""在学校是不是不够专心听讲？""没有其他同学努力！"给孩子贴上很多负面标签，却不愿意听听孩子的心声："可我明明很努力了呀！""我已经尽力了"。青春期的孩子很敏感，对父母的话很在意，有时是父母的不理性否定了孩子的努力，这是值得很多父母深思的。

青春悄悄话

亲爱的儿子，在你的成长过程中，爸爸妈妈有时会担心你出危险，有时会担心你做不好某件事情而阻止你，有些言语可能会给你贴上负面标签，伤害了你，我们今后一定会注意自己的言行。儿子，你已经长大了，为了获取自己对世界的认识，心中肯定充满了好奇，你可以勇敢地去尝试，爸爸妈妈会给你一些合理的建议，希望你能够积极听取。

多一些理解，少一些指责

◎解密青春期

一般来说，学习成绩从小就优秀的孩子比学习成绩一般的孩子、内向的孩子比外向的孩子更容易遭遇挫折，当父母发现孩子出现问题时，先不要忙着批评孩子，不要把孩子的问题放大。那作为父母，我们该怎么办呢？

（1）遇到事情时，父母首先要镇定、理性，对孩子多点耐心。

（2）父母不要动不动就批评孩子，对孩子要多一些理解。

（3）遇到事情少指责，多帮助孩子分析原因，并想办法解决。

（4）张开双臂，接纳孩子的不完美。

青春期的男孩，在这一时期可能会遇到很多困难、遭受挫折，尤其是在学习上。学习成绩一旦下滑会让很多父母担心，父母总觉得孩子没有好好学习，从而用恶语伤害孩子，而孩子明明已经很努力了，但成绩还是没有提升。自认为最能依赖的父母却不理解自己，孩子从而变得伤心、沮丧，甚至否定、怀疑自己，与父母的关系也变得不和谐。作为父母，我们要接纳孩子的辉煌，同时也要接纳孩子的失利。当孩子遇到挫折时，我们也要无条件地爱他们、包容他们、支持他们。

小远的成绩在班里一直不错，最近的期中考试，他的成绩退步了好几名，心里非常难过。为了排除自己心中的不快，他在外面悄悄和同学吸烟。但他在家并不吸烟，他怕妈妈知道以后批评他。

妈妈知道小远已经长大了，有很多想法不愿意说出来。那他每天不与父母交流，他的内心是怎样的父母不得而知，家长该怎么办？妈妈陷入了深思。

妈妈通过看书学习，找到了一种与小远交流的方式——给他写信。妈妈说干就干，开始给小远写信。小远觉得太幼稚根本不回信，但是妈妈每天坚持写，一段时间后，小远终于给妈妈回信了，他说："妈妈，其实我的内心很矛盾，也很痛苦，每次有话想和妈妈说时又不知道该如何说，便憋了回去。"

妈妈与小远经常保持书信交流，这种方式终于打开了他的心扉。

一天，妈妈坐在小远身边和他谈心："妈妈知道你有时候不想说话，不过你不要将自己的心扉锁住，我们是一家人，有什么事情可以和爸爸妈妈说，我们大家一起想办法解决。"

小远点点头："妈妈，我知道了。以前我因为自己的成绩下降而产生了恐惧心理，为了逃避现实，看朋友吸烟我也吸了，很害怕你们知道。"

妈妈听了并没有指责小远，而是对他说："儿子，如果你特别喜欢吸烟，妈妈给你买几包回来，你可以尽情地吸。"

小远摇摇头："不，我不喜欢。妈妈你不要买。"

妈妈说："既然你不喜欢，那以后还在外面偷偷地吸吗？"

小远摇着头说："不吸了。"

"还有，我的好朋友叫我一起和别的班的同学打架，我也去了。我害怕你们知道后生气，一直不敢说。"

对于儿子打架这件事，妈妈听了确实有些震惊，妈妈明白，指责孩子解决不了问题，妈妈引导他："儿子，妈妈相信，当时打架也不是你的意愿吧！不过妈妈希望你以后多想想，为什么要打架，打架的后果是什么？"

"嗯！知道了，妈妈。"

小远将自己内心深处积压了好久的不敢说的话终于说了出来，心情轻松了许多。

对内向的孩子来说，他的内心更敏感，受挫的概率也会更大。父母是最能关注孩子并给予他们支持的人，父母要理解孩子，用心与孩子沟通，建立良好的亲子沟通渠道，正向引导孩子走出困境。

青春悄悄话

亲爱的儿子，妈妈知道进入青春期的你有了自己的想法，有时会按照自己的想法去做，结果出现了一些失误，当然，你并不认为自己是错的。妈妈会尽量理解你，我们之间的关系不是敌对的，而是互相帮助的，所以有什么事情你可以和我们说，咱们一起商讨解决问题。

请多给孩子一些鼓励

◎ **解密青春期**

家长都知道鼓励可以让孩子更有积极性，更能开心、快乐地生活和学习，也能激发孩子的内在动力，主动去解决一些问题。那么父母该如何鼓励孩子呢？

(1) 父母将孩子的具体行动描述出来，给予肯定，鼓励孩子时态度要积极、真诚。

(2) 父母平时多用积极、正向的语言鼓励孩子，并用感谢式的语言把客观事实描述出来。

(3) 当孩子在某方面表现较好时，父母要及时表扬和鼓励，给孩子一个大大的拥抱并鼓励孩子。

(4) 当孩子在某方面表现得较为突出时，父母可以采用启发式的奖励方法，如"孩子，你感觉怎么样？"等话语引导孩子主动思考。

(5) 父母可以把信任的力量传递给孩子，如多用"妈妈相信你一定行"这样的语言表达。

在孩子的成长过程中，父母对孩子的鼓励是非常重要的。成功与失败在孩子成长的路上是免不了的，父母要教会孩子正确看待自己的成功和失败，这也是孩子今后能否再进步的关键因素。当孩子成功或取得进步时，父母要会说一些激励孩子的话，以鼓励孩子继续努力，让孩子更有动力。当孩子遇到挫折、失败时，孩子会心情不好，情绪郁闷，这时家长更应该多给孩子一些鼓励，引导孩子从不良情绪中走出来。鼓励可以给予孩子勇气，这样孩子才敢去尝试，即使犯了错，也能从错误中吸取教训，不断进步。鼓励可以帮助孩子找到自己存在的价值，并在将来成为一个对国家有用的人才。

小雨是高中一年级的学生，他深知学习的重要性，他每天都很用功地读书，成绩在班里属于优秀。

高一下半年，妈妈为了给小雨减轻一些压力，助力小雨的学习，专门从老家来到小雨就读高中的地方陪读，照顾小雨的起居。

小雨的妈妈每天都会在小雨上学之前对他说："儿子，妈妈相信你是最棒的，加油！"

小雨听到妈妈的鼓励心中充满了力量，学习状态也非常好，他经常得到老师的夸奖。妈妈也非常开心。

在期中考试中，小雨取得了全班第三名的好成绩，妈妈微笑着说："恭喜你，儿子！妈妈因为有你这么优秀的儿子而感到骄傲！"

小雨开心地说："妈妈，我会一直让你骄傲的。"

妈妈听了小雨说的话笑得合不拢嘴，就这样母子俩的关系越来越好，家庭气氛也非常和谐。

很快期末考试就到了，小雨由于紧张，没有发挥出正常的水平，成绩不是太理想。妈妈知道儿子心里很难过，便安慰小雨："儿子，你以前学习成绩那么优秀，而且你一直都很努力，这次只不过是发挥有些失误，没考好。我们吸取教训，只要你将自己紧张的情绪克服，下次考试一定能考出理想的成绩。儿子，别伤心了，妈妈相信你的实力。"

有妈妈的鼓励，小雨很快调整了自己的状态，恢复了积极的心态。

青春期的孩子看似大大咧咧，其实他很在乎父母对自己的看法。青春期的孩子在这一时期的学习压力很大，父母经常适当地给孩子鼓励会缓解孩子的压力，可以提高孩子的自信心，孩子只有自信才会在今后的学习和生活中更加有动力。

另外，当孩子遇到困难，缺乏勇气和信心时，父母千万不要一味地批评和指责孩子，也不要用错误的方法鼓励孩子，这样会伤害到孩子。因此，父母的鼓励方法要适当，只有父母有智慧地鼓励才能更好地呵护孩子，才能起到事半功倍的效果，进而增加孩子克服困难的勇气和信心。

青春悄悄话

亲爱的儿子，学生时代是人这一生中最美好的时期，爸爸妈妈希望你能好好珍惜，看着你学习不断进步，知识不断增长，生活技能越来越强，我们真为你感到高兴。儿子，困难和挑战会一直伴随你的成长，不要害怕，爸爸妈妈一直是你坚强的后盾，我们也相信你一定会勇往直前，成为一个阳光自信的人。

互相尊重，构建和谐的亲子关系

◎解密青春期

父母想要与孩子保持良好的亲子关系，那就必须与孩子保持互相尊重的态度。父母怎样才能与孩子保持互相尊重的态度呢？

(1) 父母要允许孩子有想法，尊重孩子的想法。

(2) 父母与孩子及时沟通、及时交流，了解孩子的真实想法。

(3) 从孩子的角度思考问题。

(4) 父母给孩子足够的爱及一些必要的建议。

(5) 父母尽量避免居高临下地管教孩子。

互相尊重，是亲子和谐的根本因素。在一个家庭中，只有大家互相尊重才能彼此信赖。青春期的男孩自我意识增强，渴望得到他人的尊重和肯定。这时父母如果还是对孩子大吼大叫，甚至有的父母还把他当作小孩子一样看待，替他去做一些事情、做一些决定，以为是对孩子好，但不知自己已经侵犯了孩子的主动权，孩子会认为父母不尊重他。在这样的亲子关系中，孩子内心会产生一些消极情绪，对生活和学习没有正确的认识，甚至会对父母产生逆反心理。

林浩已经是初二的学生了，他的学习成绩一直在班里名列前茅。爸爸妈妈对他的表现一直很满意。

林浩特别喜欢打篮球，在学校经常和同学们一起打篮球，球技也相当了得。同学们既羡慕他学习好，又羡慕他篮球打得好。

马上就要期中考试了，林浩最近几天每天都在紧张而有序地复习着功课。

星期六的下午，林浩的同学给他打来电话，约他去打篮球，林浩很爽快地答应了。妈妈见状，有些不乐意了，说道："你们不是马上就要期中考试了吗？怎么还要去打篮球？打篮球多浪费时间啊。"

林浩赶紧说道："妈，你放心吧，我打一会儿就回来，不会浪费时间的，更不会影响我的学习。"

可妈妈却说："孩子，等考完试再去打吧，今天妈妈不能同意你去。"

　　林浩一下子急了："妈，我都答应同学了，你怎么能这样呢？你能不能尊重一下我啊？"

　　"我怎么不尊重你了？我这不都是为你好吗？"妈妈也急了，冲他吼了起来。

　　就这样，两人吵了半天，最后林浩气得夺门而出。

　　青春期的孩子学习任务比较繁重，父母生怕孩子应付不过来，总想给孩子一些建议，然而这些建议大部分又与孩子的观点不统一。这时候如果家长否定了孩子的观点，孩子就会觉得父母不理解他、不尊重他，最终导致亲子关系陷入僵局。

　　孩子进入青春期，大部分父母在这个时期对孩子还是放不开手，怕孩子做不好，总想给孩子一些自己认为正确的建议。殊不知，说这些话的时候已经影响到了孩子的自尊心，因此，在家庭中经常出现"不尊重"孩子的情况。其实父母应该将一部分精力放在与孩子搞好关系上，对孩子要做到足够的理解和尊重，把他当成一个独立的人，让孩子和父母成为彼此信任的人，进而构建和谐的亲子关系。

亲爱的儿子，进入青春期后，你的自我意识觉醒，渴望得到他人的尊重和认可，而爸爸妈妈有时替你考虑得比较周全一些，想把自己的建议分享给你，而这些建议可能会与你的想法不一致，这时你会觉得我们没有尊重你，我们根本没想到自己的言行会伤害你的自尊心，希望我们及时沟通，营造互相尊重的家庭氛围。

与孩子有共同的兴趣爱好

◎解密青春期

孩子进入青春期，脾气有些大，身上的棱角也多起来了，很多父母能感到与青春期的儿子沟通的时候火药味儿十足。其中除了儿子青春期性格火爆的原因以外，还与亲子沟通不畅有很大的关系。想要与青春期男孩建立和谐的亲子关系，父母不如培养一些与孩子共同的爱好，以下就是几项不错的选择。

(1)父母和孩子至少要有一项共同的兴趣爱好，如下棋、欣赏音乐、看电影、做科学实验。

(2)和男孩一起爱上运动，如跑步、踢足球、打篮球、武术等，因为爱运动的孩子更活泼、更阳光。

（3）和孩子一起参观博物馆，在博物馆中一起感受知识的魅力。

（4）与孩子一起旅游，领略大自然的美。

在孩子的成长过程中，父母承担着教育孩子的责任，想要做合格的家长，培养出优秀的孩子，父母必须不断学习。在教育中，父母的陪伴是少不了的，如果能与孩子有共同的兴趣爱好，就多了一条通往孩子心灵的道路。

在生活中，有一些父母下班回到家觉得自己很累，就躺在沙发上玩手机，从来不和孩子共读一本书，从来不和孩子一起去打球，从来不陪孩子去旅游，从来没想过与孩子一起去做一件彼此都感觉有趣的事，这样就失去了很多与孩子沟通的机会，失去了与孩子相处的快乐，也很难建立良好的亲子关系，那么孩子叛逆的可能性就比较大。作为父母尽量培养出和孩子共同的兴趣、爱好，在一起共同做一件彼此感兴趣的事是多么美好啊！多倾听，多互动，陪孩子一起玩，一起成长，在不知不觉中走进孩子的内心，做智慧的父母。

有一次，妈妈身体不舒服，没有做午饭，志远就自己出去吃饭，等回来时给妈妈打包了一份。志远到家后直接递给了妈妈，妈妈当时很感动，说："谢谢儿子，有你真幸福！"而志远有些害羞、不好意思，就回到自己的房间了。他基本上一天也和妈妈说不了几句话，总是一个人在屋里看一些课外书。妈妈知道他的内心是火热的，只是不愿意表达。

晚上妈妈身体好一些了，给全家人做好了晚饭，一家人坐在餐桌前享用美味的晚餐。妈妈说："今天吃完饭，我们一家人一起出去活动活动吧，你们觉得怎么样？"

爸爸有些好奇地问："你今天身体不舒服还要出去活动，能跑步吗？能打篮球吗？"

妈妈微笑着说："那得感谢我们的儿子，他中午给我带的爱心午餐，我吃了就好多了。"

志远听着妈妈的夸奖，心里很高兴，说道："既然妈妈身体好一些了，那我们一家人就出去打篮球吧！"

一家人达成共识，饭后很快就行动起来。青春期的男孩，大多数喜欢打篮球，他们可以在篮球场上尽情地奔跑，尽情地投篮。虽然妈妈的投篮技术没有他和爸爸的好，甚至有一些滑稽，但是他们俩一起教妈妈做运球的动作，指导妈妈怎么投篮更标准，一家人在一起有说有笑，非常快乐。

父母如果与孩子有共同的兴趣爱好，就可以经常与孩子探讨共同的话题，不仅能拉近与孩子的距离，而且容易与孩子产生情感共鸣，得到孩子的信任，从而使亲子关系更和谐，而这和谐的亲子关系更有利于孩子健康成长。

亲爱的儿子，看着你每天都精力充沛地在球场上踢足球，爸爸很是羡慕。想当年我读书的时候也特别喜欢踢足球，但没有专业的教练教我，我看你踢得很专业，悄悄地问一下，你可不可以当我的足球教练啊？把你学会的踢球技术给爸爸传授一下，让我的球技也提高一下呢。

与孩子一起规划人生蓝图

◎ 解密青春期

青春期的孩子自我意识逐步增强，有了自己的想法，虽然未来是未知而神秘的，但爸爸妈妈要与孩子及早地规划人生的蓝图，并帮助孩子朝自己理想的方向努力。那父母如何与孩子一起规划人生蓝图呢？

（1）发现孩子的兴趣与特长，着重培养。

（2）多给孩子做主的机会，让孩子有主见。

（3）尽早确立目标，让孩子学习有动力。

到了青春期这个阶段，孩子想做的事也越来越多，有的孩子拥有远大的理想，也有部分孩子对自己的未来没有任何构思，处在迷茫中。这时家长与孩子一起勾勒一幅美好的人生蓝图，可以帮助孩子尽早确立目标，更积极地学习和生活。

王亮已经是高中二年级的学生了，一天，老师留了一个任务，让他们每人写一份人生规划，可是王亮目前还没有想过自己的人生规划，不知道该怎么写，于是便向妈妈求助。

妈妈说："老师是想让你们从现在开始，重视起自己对未来的规划，因为人生规划对每一个人来说都非常重要。只有制定了合理且愿意为之奋斗的理想目标，你在努力的时候才会更加有动力。你明年将面临高考，你需要选择你在大学里学习的专业，如果你没有清晰的理想和人生规划，那么你将漫无目的地虚度光阴，所以你要尽早地确定自己的人生目标，并且从现在开始就为之而努力。"

听了妈妈的话，王亮意识到这确实是一个比较严峻的问题，明年就要填报大学志愿，自己再不确立理想目标就真有些来不及了。

晚上躺到床上，王亮辗转反侧，他在思考他将来要做什么。很多同学以后想当老师，教书育人，但王亮觉得自己爱动不爱静，不适合当老师。他倒是想做一名篮球运动员，但自己的篮球技术也达不到专业水准，还是算了吧。后来王亮想到了军人，这一下让他感觉兴奋起来。是啊，记得自己小的时候最爱让爸爸给自己买玩具枪了，那时他就幻想着有朝一日自己手握钢枪保家卫国。

现在自己要选择将来的人生道路了，那自己为何不献身国防，去考军校，报效祖国呢？

想到这里，王亮心里终于踏实了，他找到了自己的人生方向。晚上王亮做了一个梦，梦里他驾驶着我国最先进的战斗机在蓝天白云间穿梭，守护着祖国的蓝天。

青春期是人生中的一个非常重要的时期，是孩子性格定型的重要阶段，大部分孩子在这个阶段变得越来越成熟稳重，越来越理智，有了自己对世界的认识和见解，只不过有的孩子还没有对自己的未来有明确的规划。作为父母，应该让孩子重视自己的人生规划，帮孩子认真写一份人生规划书，规划越详细越容易实施。人一旦有了人生规划就有了实现梦想的措施和方法，该学什么，怎样学，该放弃什么。准备得越充分，实现理想的概率就会越大。

青春悄悄话

亲爱的儿子，妈妈想要告诉你，早一些为自己确立人生目标，认真给自己拟一份人生规划书是非常重要的。人生有了奋斗的目标，就有了努力的动力，途中可能会遇到各种困难和挫折，只要你坚持不懈地努力，一定会有收获，离自己的理想也会越来越近，最终成功圆梦。

第6章

好习惯会成就精彩人生

"习惯养得好，终身受其益；习惯养不好，终身受其累。"这是我国教育家陈鹤琴曾说过的话。好习惯会成就一个人的精彩人生，好习惯会伴随孩子走好成长中的每一步。一个好习惯的养成是指一个人在刚开始时强迫自己去做某件事，经过一段时间的坚持，慢慢让强迫性变成了主动性，主动去做并且在很长时间内一直保持，这个好习惯就形成了。青春期的孩子正是性格的塑造期，也是习惯的养成期，父母有责任在孩子的成长过程中帮助他养成一些好习惯。

做事不拖延

◎ **解密青春期**

青春期的男孩要学会做事不拖拉，学会办事果断、干练，这样可以让孩子更合理地安排时间，培养和提高自己的办事能力和办事效率。家长如何才能培养出做事不拖拉的孩子呢？

(1) 平时培养孩子的时间观念。

(2) 孩子做事时家长不要过分催促。

(3) 平时加强训练，建议孩子制订时间规划。

(4) 对孩子在生活或学习中很快完成的某件事及时表扬，让孩子意识到做事快的好处。

(5) 告诉孩子做事拖拉的后果。

相信很多父母一提到自家孩子，就有说不完的话题。很多父母发现孩子做事拖拖拉拉，磨磨蹭蹭，尤其是写作业时，总是注意力不集中，一会儿吃点东西，一会儿喝点水，一会儿又去上厕所，好不容易坐在那里写了没几个字又开始发呆，一走神，好几分钟又过去了。每天写作业要写好几个小时，甚至熬夜写到晚上十一二点。孩子的专注力差，上课总走神或犯困，考试粗心大意，长此以往，孩子变得不爱学习，甚至讨厌学习。现在有很多孩子存在这样的问题，有的家长没有耐心，一看到孩子拖拉磨蹭就忍不住发火，吼着让孩子写，不停地催促。而有的家长很有耐心，想各种办法去引导孩子，让孩子克服写作业磨蹭拖拉的习惯。

小伟今年 13 岁了，已经是初一的学生了。升入初中后学习任务加重，课业负担不断增多，每天的作业量也在不断增加，这让小伟很是抵触，为什么老师要留那么多作业啊？这么多作业我要写到什么时候？小伟的心里总是不停地问着。

小伟没等写作业就开始发愁，明明吃完饭马上就可以写作业，可是他却总是先拖一会儿才开始，好不容易开始写作业了，没一会儿工夫就离开桌子去喝水，又没过多久又去上厕所，写作业的前 1 小时总是静不下心来，这样 1 小时下来根本就写不了多少作业。他每天写完作业都到很晚，熬夜已经成为家常便饭。

妈妈觉得孩子上了初中，老师把作业留得多，孩子写得晚也正常，后来发现老师并不是每天都留那么多作业，孩子每天睡觉都那么晚，其中必有原因。

妈妈用心观察了一段时间，发现小伟在写作业时磨蹭拖拉。妈妈经过深思后便决定帮助小伟改掉这个坏习惯。于是，妈妈每天坐到小伟的旁边监督他写作业，发现他在那里发呆时便催促他快点写，发现他在那里做与学习无关的事情时也会忍不住催促。

刚开始的几天，小伟写作业的速度的确快了许多，比以前完成的时间早了不少。几天后，小伟就对妈妈的催促感到不耐烦了，面对妈妈的不断催促和唠叨，小伟与妈妈争吵了起来："我好不容易有了解题思路就被你打断了，我怎么能写快呀？"

面对小伟的逆反心理和表现，妈妈感到很委屈，觉得自己都是为了他好，他却一点都不理解。

相信有很多的爸爸妈妈和小伟的妈妈一样，面对孩子写作业拖延的坏习惯心中充满了困惑和焦虑，不知道如何才能帮孩子改掉这样的坏习惯。而小伟妈妈采取了最直接、最生硬的方式来解决这一问题，当然结果不过是治标不治本，开始的时候孩子可能会在父母的高压下被迫提升一点效率，但这种外力强压的效率必然不会持久，时间一长就"涛声依旧"了。其实面对这样的问题，我们要从根源上找原因，关心孩子，理解孩子，知道孩子在想什么，遇到了哪些困难，与孩子一起克服这些困难。具体来讲，我们可以从增强孩子的时间观念、训练孩子的条理性等方面帮助孩子养成不拖拉的好习惯，提高写作业的效率。

青春悄悄话

> 　　亲爱的儿子，每个家长都希望自己的孩子成为一个优秀的人，在你的学习和生活中，我们希望你能养成良好的做事习惯，做事不拖延、果断机智，这样对你的成长和发展有很大的好处。你现在主要的任务是学习，妈妈建议你学会主动学习，写作业不拖拉、不磨蹭，如果能保持好这个习惯，你将会受益无穷。你要记住主动做事的效率比被动做事的效率高好几倍，高效做事是获得成功的重要因素。

花钱要做到心中有数

◎ **解密青春期**

　　很多男孩从小在父母、爷爷奶奶的关爱下长大，手里从来不缺零花钱，进入青春期后，容易跟别人攀比，花钱大手大脚，根本就不知道珍惜。针对这种情况，作为父母的我们该怎么引导孩子呢？

　　(1)与孩子真诚地交流，告诉他挣钱不容易，要珍惜每一分钱。

　　(2)利用假期，鼓励他参加勤工俭学、社会实践，让孩子亲身体验一下挣钱的辛苦。

（3）建议孩子做个财务手账，将每一笔收支都记录下来，做到花钱心中有数。

随着人民生活水平的不断提高，人民的生活质量也越来越高了，再加上很多家庭只有一个或两个孩子，因此孩子的零花钱也多了起来。但他们对钱没什么概念，根本不理解赚钱的辛苦。

孩子进入青春期后，开始逐步独自处理一些自己的社交活动，很多场景下会涉及消费活动，在这个时候，父母教会孩子花钱的时候心中有数对孩子的成长就显得非常重要。培养孩子正确的消费观念和必要的理财能力，为孩子长大后理性消费、合理规划自己的财产打好基础。

在让孩子做到花钱要心中有数之前，作为家长，有必要让孩子明白父母的钱是怎么来的、在社会上如何才能合法地获得金钱、什么样的消费观念才能保证资产良性循环，同时还要告诉孩子什么时候钱该花、什么时候钱不该花，让孩子明白合理消费的重要性。

另外，父母在帮孩子培养正确消费观念的同时，也要注意不能对孩子进行金钱控制，要尊重孩子的消费需求，尊重孩子的隐私，不要对孩子花的每一笔钱都追根问底，否则会激起孩子的逆反心理，影响亲子关系的同时妨碍孩子理财能力的培养。

明轩是一名初中生，爸爸和妈妈都是企业的领导，平时比较忙，没有太多的时间陪孩子，于是每个月都给孩子几千元的生活费，并告诉孩子大胆地花，别亏待了自己。

一个初中生，干什么每个月要花那么多钱啊？明轩觉得自己花那么多钱没什么意思，也没得买，于是请他的同学去饭店吃饭，想吃什么就点什么，周末一起上街买衣服，衣服买的都是名牌，动辄去网吧一起上网玩游戏，零食和饮料自然少不了。

明轩的那几个同学家可没有他家那么有钱，他们每天跟着明轩一起吃喝玩乐，过起了"小资"生活。

孩子们正是贪玩的时候，有这么好的生活哪里还想着好好学习啊！他们把学习这回事早就抛到了脑后，都养成了花钱大手大脚的习惯。明轩花钱心中没数，对他来说根本就不知道钱是怎么来的，更不知道怎样花钱才合理，父母根本没有对他进行这方面的教育，在他的意识里没有节俭的概念。

明轩给他的同学买的衣服和物品被同学的妈妈发现了，家长找到他，想要了解详细情况，并询问钱是哪儿来的。当同学的妈妈知道原因后，都惊呆了，很严肃地对自己家的孩子说："把那些东西还给明轩，以后再也不许花他的钱买东西了。"并给孩子们讲：首先，自己花自己的钱，不能随意花同学的钱；其次，自己要规划自己的钱，做到花钱心中有数。然后她们联系了明轩的妈妈，并将明轩的情况告诉了她。这时明轩的妈妈才意识到自己给孩子那么多零花钱是多么不明智的行为，她决定和儿子、丈夫一起坐下来好好商量，根据实际情况给明轩零花钱。

从小培养孩子正确的金钱观念，对孩子的成长非常重要。如果让孩子从小就认为只要有钱，就可以得到任何想要的东西，那金钱就将腐蚀孩子的灵魂，让孩子养成拜金主义观念，看待事物以金钱至上。就像案例中的明轩，认为通过金钱就可以获得友谊，无法认识到友谊是通过真诚沟通和相处才能得来。而当孩子对金钱的欲望无法获得满足的时候，他就非常容易步入歧途，走上违法犯罪的道路，毁掉自己的一生。

青春悄悄话

亲爱的儿子，妈妈给你的零花钱，有时你是不是感觉还没怎么用就没有了？妈妈也有同感。妈妈建议你做一个记账本，将自己的每一笔收支都记录在本上，越详细越好，这样你每天都对自己的财务情况有所了解，钱够不够花，都花到了哪里，接下来该怎么分配自己的资金，做到心中有数。在这个过程中，你不仅学会了管理自己的零花钱，而且懂得怎样才能更好地生活，从而让自己的生活更从容。

早睡早起身体好

◎解密青春期

青春期的男孩，精力非常旺盛，父母让他们早点睡觉，而他们总是觉得自己还不困，再看会儿书，再做点练习题，或者玩会儿手机再睡，但时间很快就过去了，熬夜成了家常便饭。作为父母要将早睡早起的好处告知给孩子。

(1)早睡早起,让孩子身体得到充分休息,健康成长。

(2)早睡早起,让孩子精力充沛,注意力更集中。

(3)早睡早起,让孩子的时间更充裕,从容应对学习。

(4)早睡早起,让孩子生活规律,克服懒散的坏习惯。

父母要管理孩子的作息时间,帮助孩子养成早睡早起的习惯,让孩子的生活规律起来。

青春期的孩子,正是长身体和学习的关键时期。保持良好的的生活习惯对孩子的成长显得尤为重要。

养成早睡早起的生活习惯,能够让孩子保持旺盛的精力,在学习的时候注意力更加集中,学习效率更高。同时,有利于孩子身体各项机能的发育,让孩子在发育的关键时期健康地成长。另外,早睡早起的生活习惯能够让孩子的生活更有规律,有利于孩子养成良好的生活和学习习惯。

很多青春期的孩子无法很好地控制自己的作息时间,晚上不想睡,早上不想起,这导致他们上课的时候注意力不集中,无法很好地吸收课上所学的知识,写作业的时候效率低下,点灯熬油,无法按时上床睡觉,形成恶性循环。

作为父母,我们在这个时候要引导孩子制订合理的作息计划,营造舒适的睡眠环境,提高做作业的效率,避免孩子因看电视、看手机等行为扰乱正常的作息。

　　洋洋是一名初二的学生，因为上网课的缘故，妈妈给他配了一部手机，但两人约定好，手机只能上网课和看新闻时用，坚决不能打游戏，洋洋答应了妈妈。他特别喜欢看小说，最近他在手机上看到一部科幻小说，看得入了迷，昨天晚上他又看到半夜才睡觉。今天闹钟都响三次了，他还困得不想起。只可惜今天不是周末，他必须去学校上课。他睡眼朦胧地从床上爬起来，匆忙吃了点早餐就去学校了。

　　在学校他听着数学老师讲的课，顿时困意来袭，开始在课上"小鸡啄米"，老师讲的内容他一句也没听进去，最后干脆趴在桌子上睡着了。

　　数学老师发现洋洋上课睡觉，当然非常生气，让洋洋去办公室询问具体情况。"昨天晚上你干什么去了，没睡觉？看把你困成这样。"老师问道。

　　而洋洋只是站在那里低着头不说话，洋洋不敢对老师说自己昨天晚上熬夜用手机看小说的事情。

　　老师无奈，只能给洋洋的妈妈打电话，将洋洋的情况告诉了他妈妈。妈妈听后非常生气，心想：这个臭小子，上课竟然睡觉，看我怎么收拾你。但后来妈妈转念一想，正值青春期的洋洋，叛逆不服管是他这个年龄段的特点，强制不可行，让自己先冷静，调整好情绪再处理事情。同时妈妈也猜到洋洋晚上很有可能悄悄玩手机了，所以睡得晚。

　　晚上等洋洋回来后，妈妈说："儿子，妈妈看你一身疲惫的样子，是不是很累啊？晚上没有休息好吧？"

洋洋点点头，他以为妈妈会大骂他一顿，可妈妈并没有。妈妈和善地说："儿子，你每天学习时间那么长，一定很累，我们坚决不能熬夜。熬夜会使你睡眠不足，既影响身体健康，又影响第二天上课。为了保证我们的身体健康，从今天起我们约法三章，爸爸、妈妈还有你，我们全家人必须遵守。"

妈妈说着严肃起来，爸爸和洋洋都认真地听着。

妈妈说道："我们每个人每天晚上都要在上床之前将自己的手机放到客厅的'宝箱'中，时间不得晚于十点半。我们要一起养成早睡早起的好习惯，这样才能有好身体，有了好身体才会有学习和工作的资本。"

洋洋意识到自己的做法错了，看妈妈说得那么坚定，于是同意了她的"约法三章"。

不得不说洋洋的妈妈是个聪明的妈妈，当儿子犯错时她并没有指责儿子，避免了与儿子的冲突，她积极地想办法解决问题，值得我们学习。青春期的孩子认为自己已经是个大人了，便学着大人的样子独立生活。父母可以告诉孩子，自己想要拥有独立自由的生活就必须自律，给自己制订一份合理的计划，将自己的作息时间安排好，劳逸结合，这样才能避免孩子养成不规律的生活习惯。

青春悄悄话

亲爱的儿子，爸爸知道你们同学中有很多人喜欢玩手机，尤其是晚上不睡觉，早上不起床。他们熬夜玩游戏、刷短视频、看电影等，看似很潇洒，但长期熬夜会使身体疲劳，身体健康正在被一点点损害着，而且经常熬夜还会增加得抑郁症的风险。所以，爸爸希望你不要羡慕别人熬夜，而是保持我们早睡早起的好习惯，让自己的身体健康。

引导孩子合理使用手机

◎解密青春期

手机已经渗透到我们生活的方方面面，包括孩子的学习也会经常用到手机。这就让父母不得不面临着一个如何引导孩子合理使用手机的问题。小小的手机，功能五花八门，内容包罗万象，如果任由孩子无节制地使用手机，就会对孩子的成长产生负面影响，所以我们在生活中可以从以下几个方面引导孩子使用手机。

(1)引导孩子正确认识手机功能，不要将手机形容成洪水猛兽。

(2) 告诉孩子要做手机的主人，而不是成为手机的奴隶。

(3) 跟孩子约定使用手机的时间，疏导孩子的好奇心。

(4) 引导孩子浏览健康的网络内容，抵御网络不良信息。

(5) 父母做好孩子的榜样，不要沉迷手机不能自拔。

在现代社会，随着互联网的普及，越来越多的人离不开手机了。人们将那些经常拿着手机刷"朋友圈"、逛购物平台、玩游戏、刷视频等低着头的人称为"低头族"。这些"低头族"不仅有青壮年、老年人，还有小孩和青少年，尤其是青少年沉迷于网络，沉迷于手机，令家长头疼不已。父母要给孩子讲清楚沉迷于手机或网络的危害。

(1) 长时间使用手机会影响人的视力，使眼睛干涩、疲劳。

(2) 影响身体发育。长期躺着或蜷着看手机，会影响颈椎、脊椎的发育。

(3) 影响孩子的学业。沉迷于手机或网络会浪费很多时间，分散孩子的注意力，使孩子无心学习。

(4) 影响心理健康。长期沉迷于手机或网络会使孩子焦虑、抑郁、失眠，产生负面情绪，导致孩子社交障碍、情感冷漠。

(5) 危及生命安全，低头看手机出现交通事故的概率会增大。

上了初中，温博要父母给他买一部手机，说是班里的同学都有手机，只有他没有。他保证买手机后绝对不沉迷其中，就是偶尔和同学联系一下，看看老师发的作业，及时回复老师发的消息，爸爸妈妈被他缠得没办法，只好给他买了一部手机。

刚开始他还能控制自己，后来听同学们说他们经常在手机上看小说、玩游戏，他很好奇，于是也下载了好几个相关的软件，开始了看小说、玩游戏的生活，玩着玩着就忘记了时间，经常到凌晨才睡觉。第二天上课时他总是犯困，无精打采，一副很疲惫的样子。

温博反常的表现终于在期中考试之后被爸爸妈妈发现了，他的学习成绩直线下降，让人大跌眼镜。此时爸爸妈妈意识到了自己犯下的错误，他们给温博买手机就是一个错误。现在他们必须想办法改变目前的局面，让温博认识到沉迷手机的危害。

爸爸利用同温博散步的机会询问温博最近的身体状况怎么样，有没有哪里不舒服。温博告诉爸爸最近自己的脖子有些不舒服。

爸爸告诉温博自己有时候脖子也会不舒服，尤其是长时间在电脑前工作之后，脖子会酸疼得厉害，医生说这是颈椎病的症状，如果不注意休养，一旦压迫到神经会导致很严重的后果。医生建议减少在电脑前工作的时间，避免长时间低头看手机。

看爸爸如此推心置腹地与自己讨论这个话题，温博也敞开自己的心扉，说自己大概就是看手机时间长了导致的脖子疼，有时候玩游戏太投入了导致长时间低头，再加上看书、写作业的时候也要低着头，这才导致自己脖子酸疼。

温博的坦诚让爸爸感到很欣慰，这说明儿子对自己的信任。

于是爸爸就说:"儿子,爸爸给你个建议,手机这个东西,就是一个工具,是我们获取知识和乐趣的工具。其实在给你买手机之前,爸爸是有顾虑的,就怕你无法把控时间,影响了你休息和学习,结果爸爸担心的事情还是出现了。不过,人非圣贤孰能无过,爸爸不会责备你,只希望你在今后的生活中能够适度地使用手机,在获取新闻资讯和知识的同时,努力降低手机对你休息和学习的影响。你觉得可以吗?"

听了爸爸的话,温博郑重地点了点头,下定决心要降低对手机的依赖,努力学习。

后来爸爸妈妈与温博一起制定了一个家庭规则,除非必要的事情,减少使用手机的频率,每天晚上十点以后准时上床睡觉,手机统一存放到客厅抽屉里。

在父母的引导下,温博慢慢降低了对手机的使用,将精力重新放到学习上,他的学习成绩也慢慢回升了。

手机和电脑的发明是人类进步的象征,父母要引导孩子文明上网,网络可以满足人们的不同使用需求,如从网上查资料,在网上学习一些专业知识,会给人们的学习和工作带来很多方便;在网上购物,节省了人们逛街的时间,使人们选择物品的种类和机会更多,给人们带来了便捷。但如果无休止地看短视频、看直播、玩网络游戏,就会让人沉迷其中,浪费时间、浪费金钱、浪费生命,这样就得不偿失了。所以父母一定要引导孩子正确使用电子产品,文明上网,养成好习惯。

> 　　亲爱的儿子，现在我们经常能从新闻中看到青少年因为沉迷于网络而导致视力下降，出现各种生理性疾病、心理障碍，荒废了学业，也有人因为走路低头看手机而发生车祸，实在是让人心痛。爸爸希望你不要把自己美好的时光浪费在手机上，放下手机抬起头，多去感受世界的精彩！我们要正确、合理地使用手机，做个文明上网的好少年。

吸烟、喝酒伤身体

◎解密青春期

处在青春期的男孩，正是长身体的时候，吸烟、喝酒对他们的身体发育有很大的影响。如果孩子有吸烟、喝酒的情况，父母一定要帮助孩子戒除。那么，父母如何做才能助孩子一臂之力呢？

(1) 直接告诉孩子吸烟、喝酒对身体有哪些危害。

(2) 多带孩子参加有意义的娱乐和体育活动。

(3) 父母给孩子做好榜样，培养健康的饮食习惯。

吸烟、喝酒是非常不好的生活习惯，青少年更是要远离这样

的坏习惯。对这个问题，作为青春期孩子的父母，我们一定要高度重视，防止自己的孩子染上这样的恶习。也许刚开始孩子只是出于好奇，觉得吸烟、喝酒时的动作很酷，十分潇洒，然后就偷偷模仿大人的样子，学着吸烟、喝酒，当然也有一部分孩子是在同伴的影响下学会的。

父母是孩子的第一任老师，父母一定要给孩子做榜样，尤其是爸爸一定要注意，不要在孩子面前吸烟、喝酒，要给孩子做好示范。同时可以有意或无意地给孩子普及一些吸烟、饮酒对人危害的知识。

(1) 香烟在燃烧时会释放出很多有害物质，尤其是尼古丁，对人的呼吸系统、神经系统、消化系统会造成极大的伤害。

(2) 酒的主要成分是无水乙醇，无水乙醇会损伤人体的神经、精神、胃、心血管、肝等，对青少年的成长不利。

(3) 青少年长期吸烟、喝酒会影响以后的生育能力，影响精子的质量和数量。

(4) 青少年长期吸烟、喝酒会诱发很多疾病，如呼吸道感染、溃疡、胃炎、癌症等。

王健是一名初二的学生，今年 14 岁了。他的个子高高的，长得非常帅气。他有很多好朋友，他们经常在一起玩。正值青春期的他们认为自己是大人了，便学着大人的样子开始吸烟、喝酒、聚会。

有一次妈妈在帮王健整理书包时发现里面放着一盒烟，意识到王健可能偷偷吸烟了。妈妈将自己的猜想告诉了王健的爸爸。爸爸听了很吃惊，意识到自己平时吸烟可能对王健造成了一定的影响。孩子正处在青春叛逆期，强制让他不吸烟估计是不行的，效果肯定一般，得想一个办法。

晚上一家人在一起吃饭时，爸爸说："我最近早上经常咳嗽，不知道是不是吸烟吸多了影响了身体健康？"

妈妈说："那还用说？吸烟对身体的危害那么大，咳嗽属于轻的。我听说有人因为经常吸烟而得了癌症呢，最后失去了生命。"妈妈故意说得很严重。

爸爸又说："这么严重？哎呀，我可不想死，我还想好好活着呢，我还想看我儿子将来参加工作，结婚生子呢！"这么一说，把大家都逗乐了。

爸爸最后看向王健，说道："爸爸以前吸烟影响了身体健康，这对自己、对家人都是不负责任的行为，从今以后，爸爸下定决心一定戒烟，请你来监督爸爸，好不好？"

王健见爸爸这么有决心，便坚定地说道："好啊，爸爸，我一定严格监督。"

王健暗暗下定决心：为了身体健康不再吸烟了。

处在青春期的男孩，他们与自己的同学、朋友单独相处的时间越来越多，聚会也越来越多，如同学过生日，某位同学取得了好成绩，还有一些节日，他们都喜欢聚在一起，人多了免不了有同学拿出烟来请大家吸或在聚会的餐桌上一起举杯喝酒庆祝的情况，烟和酒在他们面前出现的频率也会越来越高。所以父母一定要提前给孩子做工作，将吸烟、喝酒对身体的危害讲清楚，让孩子明白吸烟、喝酒会给自己的身体埋下巨大的隐患，让孩子意识到远离烟酒的重要性。

青春悄悄话

亲爱的儿子，吸烟、饮酒会诱发各种疾病，对身体有极大的危害，我想你应该知道吧。青春期的你也许有很多烦恼和忧愁，你可能会借助吸烟、饮酒来缓解自己的压力、消除烦恼，可这样的方式根本解决不了问题。希望你能爱惜自己的身体，对自己的健康负责。

做事要有计划

◎解密青春期

让青春期的孩子学会制订计划，这样他们做事就不会手忙脚乱、丢三落四了。制订计划对青春期孩子的好处有很多，父母可以从以下几方面进行引导。

（1）制订计划可以让孩子井然有序地安排自己的学习任务。

（2）孩子每完成一个目标都会增加他的成就感和满足感。

（3）将所有必须做的事情都列出来，做到心中有数，然后去做。

（4）制订计划既能培养孩子的时间观念，又能培养孩子合理利用时间的能力。

（5）让孩子逐渐成长为一个会合理安排学习和生活的人。

（6）提高孩子的做事效率，成功的可能性更大。

俗话说："好习惯成就好人生。"人的习惯一旦养成就会伴随一生。孩子正处在青春期，是习惯养成和巩固的关键期。作为父母，一定要对青春期的男孩多一些耐心，正确引导孩子，培养孩子制订计划的习惯。一个善于制订计划的孩子，并能按照计划有条不紊地学习，那么不管孩子学习多么紧张，他都会轻松应对。父母一定要引导孩子每天为自己制订一个计划，一旦养成这种习惯就会受益一生。

王强是一名高中生，他每天都在努力学习，他的目标就是要考一所好大学。因为高中的课业负担比较重，知识难度陡然增加，每天老师留的作业都很多，他常常应付不过来。每天写作业都要写到很晚，有时忘记写语文卷，有时忘记背英语单词，经常会遗漏某一项作业。

　　王强被作业弄得头昏脑涨，很是疲劳。老师将王强的情况反馈给了王强的妈妈，他妈妈得知情况后，决定和他好好聊一聊。

　　晚上吃了饭，妈妈和他都在沙发上坐着。妈妈说道："儿子，上了高中每天的作业都很多吧，那么多你是怎么安排的？"

　　他被妈妈问得不知道该如何回答，就直接说："没什么安排呀，反正是每天吃完饭就写。我都写到快十二点了，原本以为都写完了，可第二天去了，才发现偶尔还会有那么一两项作业给遗漏掉了。唉，真不知道是怎么回事。"

　　妈妈说："儿子，妈妈知道你们现在的学习时间紧、任务重，你每天都那么晚睡，觉对身体不好。妈妈给你一个建议，每天给自己列个学习计划，你可以根据自己的习惯和特点，将每天的时间安排好。只要你把时间安排得足够合理，不仅能早点完成作业，而且能听一会儿你喜欢的音乐，看一会儿课外书呢。这样你不仅不用熬夜写作业，而且能做到劳逸结合，对身体有好处。"

　　王强说："妈妈，您说得也太神奇了吧，怎么可能？"

　　妈妈说："儿子，你可以试一试。就比如说你今天需要写的作业，你先大概列出所写作业的先后顺序和所需时间，然后按照自己所列出的顺序将你所需的课本、试卷、练习本都放在桌子的左上角，每写完一项作业就把这些资料都放到桌子的右上角。在做这一项作业的时候不能做任何与学习无关的事。让自己争取在规定的时间里完成，每项计划之间要留出几分钟的休息时间。这个制订计划的习惯如果养成了，会让你轻松很多。"

　　王强听得很是认真，并在妈妈的鼓励下开始制订学习计划。

不得不说，王强妈妈教儿子制订学习计划是个非常好的学习方法。也许刚开始的时候孩子不能按计划完成，但经过慢慢调整，不断改变自己做事的速度和规划时间，相信最后一定会按照自己的计划进行的。人生因为有了目标，才会执着地去追求，静下心来合理利用时间，做好计划，才会有成功的可能。

青春悄悄话

亲爱的儿子，爸爸希望你将制订计划的习惯一直保持下去，让这个习惯陪伴你成长。因为这个好习惯会让你在将来的学习、生活、工作中变得井然有序，而不是整天生活在各种忙乱中，制订计划能让你不断地实现自己的目标，迈向人生的新高度。

养成读书的好习惯

◎解密青春期

让孩子阅读课外书，是老师和父母在教育孩子时一直所鼓励的。多阅读课外书对孩子的成长是非常有益的，父母让孩子养成良好的读书习惯会让孩子受益一生。那么，如何让孩子养成读书的习惯呢？

(1)父母先了解孩子喜欢的图书类型，给孩子选一些适合他的书。

(2)让孩子读到书，将书放在孩子轻松就能拿到的地方，如床头、沙发、餐桌等地方。

(3)家中创设安静的环境，让孩子专心读书。

(4)让孩子抽出专门的时间阅读。

(5)引导孩子在读书时多思考、多提问，父母可以与孩子交流读书的心得。

男孩进入青春期后，随着课程的不断增加，所学的知识难度也在增加，且变得越来越复杂，作业量变得越来越大，很多孩子便不像以前那样注重阅读。甚至有一些父母心疼孩子，认为孩子每天作业那么多，没必要非让孩子读课外书，不但占用时间，而且会让孩子分心，影响学习和休息。他们认为只要孩子平时上课认真听讲，积极完成作业，这样就行了。给了孩子错误的指导，导致孩子将课外书扔到一边。其实，不论什么时候，父母都应该重视孩子的课外阅读。

阅读课外图书，可以让孩子了解大自然、认识世界、开阔视野，让孩子养成阅读的习惯，提高语言的理解能力、领悟能力，培养自学能力，使孩子在课内与课外的共同影响下不断完善知识体系，丰富知识面，在不知不觉中帮助孩子提高学习效率。

浩宇今年13岁了，是一名初中生。由于初中的课程较多，学习任务较重，浩宇每天写完作业就已经很晚了，根本没时间读课外书。他认为自己只要好好学习，将来考个好大学就万事大吉了。学习好老师所讲的知识是当前非常重要的任务。

于是浩宇将全部精力都集中在课本知识和老师留的作业上，不再看与学习无关的课外书了。

浩宇每天都是上课、做作业，在课堂与题海中遨游。这样单调、乏味的生活使他在不久后陷入了一种困境。课间同学们在一起有说有笑，谈论着最近发生的新闻事件、流行音乐、某课外书中的内容，浩宇站在那里插不上嘴，觉得自己什么都不知道，好像落后了好几年。

妈妈发现浩宇最近经常一个人在那里发呆，便询问他是怎么回事。浩宇便将自己的困境说了出来。

妈妈听完后说道："儿子，你现在最重要的任务是学习，你不仅要学好课本上的知识，而且应该注重自己的课外阅读，读书就像是与智慧的人对话。阅读范围可以扩大，名著、历史、地理、科普、美术、名人传记等，这些都可以增长你的见识，补充你课本上没有的知识，看一些优秀的图书还可以启发人的思想，所以不管多忙，都要尽量挤一些时间看看报纸、课外书，保持阅读的习惯。"

"可是我那么多作业，哪有时间看课外书啊？"浩宇说。

妈妈说道："你可以在吃饭前看一会儿，也可以课间休息时看，写作业时提高效率，节省下时间看。时间就像海绵里的水，只要你愿意挤，总还是有的。"

浩宇听了妈妈的话，决定每天抽出半小时读课外书。

父母要引导孩子读课外书，但一定要注意，挑选适合孩子的课外书去看，有一些孩子沉迷于小说，就连上课也会悄悄拿出来看，结果老师讲的是什么内容全然不知，成绩下降，甚至荒废学业。所以父母要为孩子选取一些适合他的课外书，如看一些优秀人物传记，给孩子树立学习的榜样，孩子通过在阅读中感知成功人士的励志故事，从而懂得做人的道理。避免让孩子看那些低俗的书或带有血腥故事的书以免孩子冲动模仿。另外，父母一定要让孩子在合适的时间读书，选定一个专供阅读课外书的时间，决不能占用课堂时间和写作业的时间，这样才不会影响学习。

让阅读成为孩子的一个习惯吧，当孩子打开一本好书时就像打开了一个世界，因为书中那些优美的文字就是孩子最直接的心灵导师，可以教会孩子很多知识和道理，给孩子带来无穷的力量和明确前行的方向。

亲爱的儿子，养成读书的习惯对一个人的修养非常重要。妈妈建议你在读书时要专心，全身心地投入，因为专注才能高效；在读书时还要勤于思考，善于总结，学会从多角度看待事物。看到好的词句可以摘抄记录下来，并将其背会，你积累下来的这些好词、好句可以用到自己的作文中，这样你的写作水平也会有很大的提高。

保持干净、整洁的习惯

◎解密青春期

帮助孩子养成一个好习惯，就会助力孩子的一生。干净、整洁代表着一个人的形象。那么，怎样让青春期的男孩养成干净、整洁的习惯呢？

(1)房间要定期清洁和整理，最好每周整理一次。

(2)个人物品要随拿随放，物归原处。

(3)养成归纳整理的习惯，如整理书包和房间等。

(4)让孩子勤洗澡、勤换洗衣物。

(5) 父母要给孩子做好干净、整洁的示范。

青春期的男孩，他们活泼好动，总是充满活力，男孩相比女孩少了一些细腻，比较粗犷，可能会将更多的注意力集中在自己喜欢的事情上，从而忽略了自己的个人卫生。身上穿的衣服不知什么时候脏了，房间不知怎么搞得凌乱不堪，甚至不爱洗澡……这样下去就会养成坏习惯，作为父母，怎样才能让儿子变成一个干净、整洁的男孩呢？

乔雨今年15岁，是个十足的阳光男孩。他平时特别喜欢打篮球，在同学们的眼里，他就是个活泼好动、充满朝气的男孩。但是他有个缺点，那就是不注意个人卫生，他一打篮球身上的衣服就脏，而且满身就会散发出一股汗臭味，坐在他周围的同学都很头疼，甚至会悄悄捂上鼻子。

一天，他的同桌实在忍受不了了，就说："乔雨，你是不是应该注意一下自己的个人卫生啊？"

"怎么了？"乔雨不以为然地问道。

同桌说："乔雨你是不是每天不洗澡啊？你身上有一股味儿，尤其是每次打完球，那股味儿更明显。还有你的衣服，本来是白色的，现在快被你穿成黑色的了。"

乔雨说："唉，每天有那么多作业，写完都快十一点了，哪有时间洗澡啊？周末洗，周末有时间。"

同桌无奈地摇了摇头。

一天吃晚饭时，爸爸挨着乔雨坐，他闻到乔雨的身上有一股汗臭味儿，便问他："乔雨，你身上怎么有股味儿？"

"哦，估计是天气热，打篮球又出了很多汗的缘故。"乔雨回答道。

"嗯，那你怎么不去冲个澡啊？"爸爸说。

乔雨一脸无辜地说："爸爸，您说得倒轻巧，哪有时间啊，我每天要写那么多作业。"

爸爸说："儿子，现在天气越来越热，你打球出一身汗，不洗澡身上就会有味儿。爸爸建议你每天放学回来先去卫生间冲澡，顺便将衣服扔进洗衣机洗了，然后吃饭写作业。这样你就可以每天保持良好的个人卫生和穿干净、整洁的衣服了。我儿子长那么帅，这样一个干净的帅哥在老师和同学们面前那才叫酷呢！"

听着爸爸的话，再加上同桌之前说他的，乔雨决定试一试爸爸给的建议。

果真，乔雨按爸爸说的去做了，每天放学回家十几分钟就把自己的个人卫生搞定了，乔雨变成了一个爱干净的男孩，同学们也都喜欢和他待在一起了。

因为课业负担重，学习时间紧，男孩子往往会忽略个人的卫生和房间的维护。很多父母看到孩子的房间凌乱就每天帮他收拾，衣服床单脏了就帮他去洗。孩子不主动注重个人或房间的干净、整洁，父母对孩子不是批评就是督促，父母往往忽略了最重要的一点，那就是怎样帮助孩子养成适合自身的生活习惯。作为父母，不能把孩子的一切包揽下来，也不能一味地批评孩子。父母不如教会孩子怎样去做，这样既能锻炼孩子，又能达到良好的效果。让孩子养成整理房间、搞好个人卫生的习惯，使自己长期保持干净、整洁的良好形象。

青春悄悄话

　　亲爱的儿子，一个人如果能尽早养成干净、整洁的习惯，会对自己有很多好处。你应该知道，个人卫生不仅会影响身体健康，而且会影响与同学或朋友的交流，更会影响自己的个人形象。爸爸希望你能将自己的生活打理得井井有条。

第 7 章

教孩子学会一些生活的技能

青春期的孩子不仅要学习知识，而且应该学会必要的生活技能。我们要明白孩子学再多的知识，如果不会生活，那他今后的生活品质也不会太高。因为每一个孩子都要长大，都要走入社会，开创属于他自己的一片天地，他们离开父母后全靠自己，而仅依靠自己所学的知识是不够的，必要的一些生活技能必须提前掌握。孩子先学会一些基本的生活技能才能照顾好自己，才能处理好自己的生活，那时再走进社会就会少一些挫折，父母才更放心。孩子的生活技能越丰富，他将来的生活就可能越幸福。

请父母放手，让孩子自己走

◎ **解密青春期**

青春期的男孩已经长大，父母请放开孩子的手，让孩子自己走吧。舍得对孩子放手的父母，才能培养出优秀的孩子，那么父母怎样才能放开手呢？

(1) 父母首先闭上嘴，少唠叨孩子。

(2) 父母做好自己的事情，鼓励孩子自己的事情自己做。

(3) 父母收起包办、过分爱护孩子的心。

(4) 教会孩子一些基本的生活技能，放心大胆地让孩子去尝试。

在父母与孩子相处的过程中，很多父母是紧抓孩子的手不敢放也不愿意放，父母太负责任导致孩子失去了很多锻炼的机会。孩子从小就依赖父母，也习惯了依赖父母，等他长大了，总会有离开父母的那一天，那他能依赖谁呢？仍然依赖父母显然是不可能的。依赖同伴？那怎么可能！孩子总会遇到一些需要自己去解决的事情，这时孩子处理问题的能力就显得尤为重要。作为父母，必须舍得放开手，给孩子提供锻炼的机会。

小海今年已经 15 岁了，他家离学校很近，步行十几分钟就能到达学校，开车五分钟之内就能到。爸爸妈妈觉得小海每天上学很辛苦，又怕他路上不安全，所以每天都接他上下学。

有一天中午放学时下起了大雨，很多家长怕孩子淋湿就把汽车开到了学校门口，结果由于人多车也多，有的车想出出不来，有的人想进进不去，造成了严重的堵车现象。小海妈妈的车没有开到校门口，小海在学校门口等着妈妈，看着同学们一个个被家长接走，而妈妈一直没来，他的心由着急变成了生气。

而另一头的妈妈，着急地下车，冒雨在学校门口找小海，当时正是人多的时候，他们谁也没看到对方。过了好一会儿，妈妈才找到小海，而此时的小海非常生气，竟然向妈妈吼道："你怎么才来呀？我都等好长时间了。"

妈妈说："我来好一会儿了，车太多开不过来，只能开到路边下车来接你。"

小海听了更是生气："别人都能开到学校门口，为什么就你开不过来？"最后他生气地跟着妈妈朝着停车的地方走。

妈妈既委屈又生气，一路上反思自己的教育方式。从家到学校不太远，他可以骑车去，也可以坐公交，或者步行，都很方便。自己这样辛苦地接送他，他不但不感恩，还一顿抱怨。长期下去，对谁都不利。妈妈下了很大的决心，她决定放开孩子的手，让他自己走。回家后，妈妈很郑重地说道："小海，你已经长大了，以后上下学你自己去自己回吧，妈妈相信你能行！"

小海刚开始还生气呢，听到妈妈这样说，他有点蒙。怎么能让自己走啊！小海每天都由妈妈接送已经习惯了，一下子让他自己走他怎么能接受呢？不过，妈妈真的说到做到了，小海只好每天骑车去上学。

是啊，好多孩子上中学了，有的父母还要在孩子过马路时牵着他的手，生怕他过马路发生危险。有的孩子每天上下学由父母开车接送，他都不知道从自己家到学校怎么坐公交车，也不知道坐几路车。很多孩子养尊处优，父母总觉得孩子还小，不安全，所以一直不肯放手。然而现实是父母越是包办孩子的一切，孩子越是什么都不会干。

孩子在不久的将来就要离开父母进入社会，家长应该早一些放手，让孩子自己去做事，让他自己去解决一些问题，父母要给孩子提供锻炼的机会。相信当孩子通过自己的努力完成一件事时，他的内心会充满成就感和自豪感，从而他的自我价值也会得到很大的提升。

青春悄悄话

　　亲爱的儿子，你已经长大了，妈妈决定放手，许多事情让你去做，因为只有你自己拥有了自理能力才能够独立生活，将来不论你飞多远，爸爸妈妈才会放心，你也能够在遇到事情时更加理智地处理。

全家一起做家务

◎解密青春期

　　孩子在渐渐长大，喜欢尝试的事情越来越多，全家人一起做家务，就是非常有意义的活动。那么，父母怎么才能让孩子一起参与家务劳动呢？

　　(1)全家人共同约定时间，一起打扫卫生。

　　(2)给每个人分配不同的家务活。

　　(3)可以边听音乐、边做家务，在轻松的气氛中做家务。

　　(4)以互相鼓励的方式做家务，父母决不能嫌弃孩子动作慢，做不好。

(5) 以比赛的方式做家务。

(6) 一起欣赏做家务后的劳动成果。

很多青春期的男孩感觉自己已经是个大人了，做家务这样的小事他才不管呢，理应由爸爸妈妈做，自己只要把学习搞好就行了。父母每天把饭做好，端到餐桌上，拿好碗筷等着孩子来吃饭，孩子的衣服、床单自己从来不洗，都是妈妈给洗，擦桌子、扫地这样的琐事孩子更是不管，这样下去孩子的生活基本上依靠父母去做，没有一点自理能力。假如有一天父母不在他们的身边，那孩子的生活将会变成什么样呢？

志强今年 16 岁，个子高大，是个活泼阳光的帅气孩子。从小到大志强从来没做过家务。小的时候，爸爸妈妈觉得他小，无微不至地关心他、照顾他，舍不得让他做家务。

可现在志强已经长大了，上了中学，看着他的学业负担日渐加重，妈妈每天起早贪黑地做饭、洗衣、打扫卫生，还要早、中、晚接送他上学、下学。妈妈每天不辞辛苦地操持着这个家，把每个人的生活打理得井井有条。

可是有一天妈妈生病了，爸爸陪妈妈去医院看病。他们叮嘱志强中午自己坐车回家，回家后自己做饭吃。志强答应得很好，让他们尽管放心。

可是中午他自己坐车时才去询问同学，哪里有 32 路公交站牌，等他过去后那辆公交车刚走，他只好等下一辆。好不容易坐车到了家，他看着冰箱里的东西不知道吃什么，更不会做，最后他找了点零食，喝了一袋牛奶充当自己的午饭，就连零食袋和喝完的牛奶袋都没有扔垃圾桶，让它们静静地在茶几上躺着。

下午妈妈和爸爸回到家后，看到这样的情景，意识到了志强中午一定是只吃了这些，有些心疼。他们也意识到了平时根本没让孩子做过饭，没让他收拾过家，他肯定不会。看来志强的父母得好好反思一下了，这样下去，并不是爱他而是害他。父母只要不在孩子身边，他根本就没有照顾自己的能力，孩子越来越大，在不久的将来就要离开父母温暖的怀抱，那时的他是否会照顾好自己呢？

志强的父母决定从现在起，每天让志强跟他们一起动手做家务，锻炼他的自理能力。

等晚上儿子回家后，爸爸说："儿子，妈妈生病了，今天的晚餐就由咱们俩一起做吧。你先择点青菜，我来……"

厨房里，志强和爸爸忙活起来，地上掉的菜叶和垃圾爸爸也让儿子打扫干净，用了的调料放回原位，择菜、洗菜、切菜、炒菜也让他都体验了一遍。就这样，爸爸在不知不觉中教会了志强很多家务活，他也终于吃上了自己烧的菜，并表示今天和爸爸做了这么多事情非常开心。

他们一家人还商量以后要经常一起做家务，分享彼此的快乐。

是啊！爸爸妈妈长期以来一直担负着维护家中干净、整洁的重任，使家中的生活环境变得美好、舒适，孩子只是享受着这样的美好而没有付出任何劳动。父母要明白，孩子是要长大的，如果现在给孩子锻炼的机会，让他学会自理，那么将来不管他走到哪里，他都能更好地照顾自己，这样不是更让父母放心吗？别看做饭、洗衣、打扫房间这些小事，其中蕴藏着很多生活乐趣，父母要带着孩子一起去实践、去感受其中的快乐。

青春悄悄话

亲爱的儿子，你已经长大了，你完全有能力每天把自己的房间打扫得干干净净，每天穿着自己洗的衣服去上学。在周末品尝自己做的饭菜，享受自己的劳动成果，我想其中的乐趣是无人能替代的。所以爸爸妈妈决定从现在起，我们一家人一起做家务，把生活中的点点滴滴都分享出来，相信很快你就能很好地照顾自己，把自己的生活经营得丰富多彩。

父母示弱，让孩子强大

◎解密青春期

很多父母总是放不下大人的姿态，喜欢用强势、强制的态度来对待孩子，这种方法只会使孩子产生自卑心理，使孩子缺乏安全感，并不能让孩子变得强大。那么，父母在与孩子的相处中，怎样做到父母示弱而让孩子强大呢？

(1) 父母不能用自己的权威去压制孩子，而是要多倾听孩子的心声。

(2) 父母要尊重孩子的感受和想法，相信孩子，给孩子成长的空间。

(3) 给孩子布置一些小任务，让他去完成。

(4) 不论家中的大事还是小事，都让孩子一起参与，征求孩子的意见。

(5) 给孩子足够的选择权，多让他自己做决定。

(6) 父母要多向孩子表达信任和鼓励，不断强大孩子的内心。

在我们的生活中，有很多家长总觉得孩子是弱者，需要父母的保护。很多事情觉得孩子做不好、做不了，从而无怨无悔地帮助孩子做各种事情，还帮助他们做各种决定。然而在现在这个信息时代，孩子有很多地方其实比我们父母强，所以在很多时候父母就不要逞强了。已经到了青春期，孩子已经长大了，父母该退居后方，是示弱的时候了，真正厉害的父母也总是懂得示弱。只有父母示弱，不包办孩子的事情，给孩子留有空间和时间，让他去实践、去发挥自己的能力，孩子才会越来越强大。

王哲今年已经 16 岁了，从小到大妈妈总觉得他是个孩子，什么事情都不放心让他去做，觉得他不会做，更做不好。就这样，王哲在爸爸妈妈的保护下慢慢长大了，每天过着衣来伸手、饭来张口的日子。

有一次，妈妈在小区里看到一个八九岁的男孩正在帮他妈妈打纯净水，打满一桶水后，拧好盖子便提着往家里走，妈妈都看呆了，这么小的孩子就能提起那么重的一桶水，真是了不起啊。再反过来看看自己家儿子，从来没有替自己打过一桶水，做过一顿饭，她反思自己的教育，是自己平时太强大了简直无所不能，造成了自己家孩子什么也不会做、什么也不愿意做的结果。妈妈也是人，妈妈也有累的时候，也需要别人的照顾啊！

随着王哲慢慢长大，进入了青春期，有了自我意识和独立意识，并且这种欲望越来越强。而父母一直表现着自己的无所不能，想要帮助孩子将所有的事情都做好，现在的王哲却不愿意听他们的话，更不愿意让父母剥夺自己的自由。

妈妈综合考虑后决定自己示弱，让王哲强大起来。从此妈妈不再什么都管，有时自己劳累了就躺着休息，自己身体不舒服就告诉王哲，让他自己洗自己的衣服，打扫自己的房间。有时自己在外面忙工作赶不回来给他做饭，妈妈会打电话让王哲看看家里有什么菜，自己先洗菜、切菜，并鼓励他做菜。王哲在电脑上查一些食谱，照着上面的去做，有时菜没做熟，有时菜会糊掉，可妈妈没有批评他，而是耐心地给他指导怎么做才能避免下一次出现类似的情况。就这样，王哲会做的菜越来越多，味道也越来越好。

假期里，妈妈还让王哲给全家人做了一顿美味的午餐呢！家人都夸赞王哲的手艺好。

看着王哲旳自理能力越来越强，妈妈心里很高兴。妈妈也终于明白了父母适当地示弱能够推动孩子成长和进步的道理。

随着孩子不断长大，爸爸妈妈一定要收起自己无所不能的"神功"，学会示弱。在平时的语言中，少说"你不会""听我的""你做不好"之类的话，而要多说"你可以""妈妈相信你一定能做好""我们一起商量一下怎么办"，把孩子当成家庭中的一员，平等地与孩子沟通，采纳孩子的合理建议，激发孩子成长的动力和潜力。在这个过程中我们会发现孩子正在飞速成长，变得越来越负责，越来越强大。

青春悄悄话

亲爱的儿子，看着你渐渐长大，爸爸和妈妈也会逐渐"淡出"你的生活，给你锻炼自己的机会。因为我们知道，每个孩子的能力都是经过长期反复的实践才会得到，只有爸爸妈妈适时地"退出"，你才有主动表现自己的机会，这样才会让你有机会成长为真正的男子汉。儿子，加油！

教孩子远离危险

◎ 解密青春期

近年来，越来越多的青少年因为缺乏自我保护意识和自我保护能力而使自己陷入危险之中，有的甚至发生意外失去生命。一桩桩一件件令人痛心的案例也在不断提醒家长，如果孩子学不会保护自己，就有可能会在某个时刻遇到危险。比如以下几种危险都是孩子在生活中可能会遇到的，父母要让孩子高度重视。

(1)交通事故。边走路边看手机或在机动车道骑行、打闹都是危险的行为。

(2)校园霸凌。高年级的学生欺负低年级的学生，包括勒索钱财、辱骂和殴打同学。

(3)意外摔伤。在楼梯上踢球、追跑打闹就可能出现意外摔伤。

(4)意外溺水。远离水塘、河流，不擅自下水游泳。

(5)坏人尾随。尽量不走人少偏僻的路，遇到坏人尾随要沉着冷静，往人多的地方去。

(6) 自然灾害，如地震或火灾。

父母在日常生活中就应该告诉孩子可能遇到的危险有哪些，并教会孩子如何远离这些危险。

希望自己的孩子平平安安、健健康康，我想这是所有父母的心愿吧！孩子的安全和健康永远是父母最大的牵挂。当孩子独自外出时，父母会担心孩子的安全；孩子上学路上的车辆较多，孩子的安全也会令父母担忧；还有当前校园霸凌事件时有发生，孩子在学校上学时父母也很担心……青春期的孩子，看似已经长大，他们拼命想要摆脱父母的管教，他们拼命想要独立自主。而父母知道，孩子的羽翼还未丰满，但父母又不能一直跟着孩子，不可能一直保护他。这就需要父母尽早教会孩子如何避免意外伤害，怎样远离危险。

强强家离学校不是太远，上了初中的他经常骑自行车上学。爸爸妈妈觉得他已经长大了，应该有这种独立生活的能力。妈妈经常和强强说："自己骑车一定要注意安全。"强强已经是大孩子了，每次都爽快地答应着妈妈："妈妈，我知道了。"

强强经常和小区的同学一起骑车去上学，他们在路上有说有笑很快乐。

然而，青春期的男孩总是不甘"寂寞"，他们觉得自己骑车的技术特别高，有时在路上你追我赶，有时一只手握把，一只手张开，领略飞翔的感觉。

有一次，强强中午和同学去上学，妈妈看到强强骑自行车时后面带着他的同学，他的同学竟然扶着强强的身体慢慢地站在了后座上。

"我的天呢，太危险了。他们怎么可以做这么危险的动作？"妈妈十分着急地自言自语。

妈妈远远地喊道："强强，强强，你停一下……"

只可惜，他们根本没听到，一会儿的时间就到了学校。

等下午放学回来，妈妈让强强坐到沙发上，很严肃地说："儿子，你知道吗？我国每年因为交通事故而死亡的人数高达几万人，其中一个重要的原因就是安全意识淡薄。"

强强听着有点惊讶，说道："有那么多！"

"是啊，所以每天妈妈都叮嘱你路上注意安全，除了要遵守交通规则、看红绿灯以外，还要注意不能在路上打闹，更不能让后座的人站起来。"

强强很惊讶地说："妈妈，你怎么知道的？"

"我今天出去办事，无意中就看到你的好朋友小瑞站在车的后座上，当时可把我吓坏了。我喊你，结果你没听见，一会儿的工夫就不见了。你骑车的速度也太快了吧！以后你骑车可不许那么快，也不能让同学站在车座上。要珍惜生命，远离危险。"

强强听着，意识到了错误，低下头说道："妈妈，我知道了，以后我一定注意。"

父母可以通过日常生活的场景或案例给孩子灌输一些安全知

识，强化孩子的安全意识。父母是孩子最重要的安全屏障，父母要让孩子警惕生活中可能出现的任何危险，让孩子懂得自我保护是非常重要的事情，并让孩子掌握一些自我保护的方法。天有不测风云，人有旦夕祸福。如果孩子能从容、冷静地面对各种危急情况，拥有辨别善恶的能力，远离危险，那他的独立能力就可以让父母放心了。

青春悄悄话

亲爱的儿子，安全是一个人最基本的保障，在平时的生活中你要多留意身边的安全隐患，自身安全、户外安全、校园安全、消防安全、交通安全等，每一种安全知识你都要了解，提高自身的安全意识和自我保护意识，争取做到心中有数，远离危险，让自己健康平安地成长。

网络的两面性

◎解密青春期

网络是科技发展的产物，给我们的生活带来了极大的便利，我们在享受网络带来的便利的同时，网络也让有些人感到苦恼。

尤其是父母，看到孩子沉迷网络就苦恼不已，强行逼迫孩子远离网络，可是越强迫孩子就越不听。父母需要改变自己的教育方式，让孩子合理使用网络。

(1)父母和孩子约定上网的时间，如每周末半小时或1小时。

(2)父母和孩子约定上网的内容，学习、查资料、看正能量的信息或视频。

(3)电脑尽量安装在客厅，便于互相监督、了解孩子上网的情况。

(4)告诉孩子电脑、手机不是用来玩游戏的，它是我们生活、学习、工作的一种工具。

(5)父母要多方面发展孩子的兴趣爱好，孩子觉得生活非常精彩就不会沉迷网络了。

随着时代的发展，网络已经走进千家万户，成为人们生活的一部分。青春期的孩子是网民中的一股强大力量，他们对网络充满好奇，几乎没有哪个青少年不知道网络，上网和网络游戏也是这些青少年课余生活的一部分。然而大多数青少年的自控能力不是很强，在上网玩游戏时很可能会沉溺其中，染上游戏瘾；也有的青少年在网上看到不良信息，使他们的思维陷入混乱，认知逐渐扭曲，深受其害。沉迷网络导致不少青少年浪费时间和金钱，荒废学业，甚至毁掉自己的大好前程。

　　作为父母，看着孩子深陷网瘾不能自拔，为此伤心、苦恼，想出各种办法制止孩子上网。但在网络如此普及的社会，父母要明白，不能一味地阻止孩子使用网络，让孩子一点网络都不接触是不现实的。这样不但会影响良好亲子关系的建立，同时也会阻碍孩子同外部信息的接触，影响孩子知识面和视野的拓展。父母应该引导孩子理性上网，主动避开负面信息和网络游戏的吸引。

　　乐乐现在上初三，爸爸妈妈平时工作比较忙，与乐乐的交流比较少。乐乐的学习成绩处在班里的中游。由于爸爸妈妈疏于对他的管教，乐乐经常和班里的几个同学去网吧上网，他觉得只有在网络中才可以忘记自己的成绩，忘记自己升学的压力，忘记自己的孤单。在网络游戏中他可以和一些不认识的玩家朋友称兄道弟，在那个虚幻的世界里，他很有成就感，对自己非常满意。

　　他的成绩下滑得越来越厉害，老师只好打电话找乐乐的家长谈一谈，将乐乐最近的表现告诉他的妈妈。妈妈认为，初三正是孩子学习的冲刺阶段，乐乐迷恋网络游戏，事情很严重。

　　妈妈将此事告诉了乐乐的爸爸，两人于是一起商量帮助孩子减少上网时间的对策。他们也知道一下子让孩子减少上网时间是不现实的，必须先拉近亲子关系，走进孩子的内心。

　　周末爸爸专门陪乐乐一起去上网，了解了他喜欢上网干什么、玩什么游戏，爸爸有不懂的地方还会向乐乐请教，并与他一起讨论。当他们从网吧出来时爸爸说："走，爸爸请你去个地方。"

　　"什么地方？"乐乐问道。

爸爸故意卖起了关子，说道："你去了就知道了。"

爸爸带乐乐去了篮球场，对他说："乐乐，敢不敢和爸爸比试一下，看看谁投的球多？"

乐乐说："比就比，谁怕谁。"

就这样，爸爸和乐乐来了一场激烈的比赛，出了满身的汗。坐在一起休息时，爸爸和他聊起了天，讲了关于篮球明星的故事，还有打篮球的技巧，乐乐听着很感兴趣。他们还聊了网络游戏是如何让人上瘾的。

爸爸和乐乐聊了很多："乐乐，以前爸爸妈妈忙于工作，照顾你的时间很少，陪你的时间也总是很短暂，真应该向你说一声对不起！爸爸和妈妈决定以后一定多陪你，如果你想玩游戏时记得叫上我，还有下个周末咱们再来打球怎么样？"

对爸爸发出的邀请，乐乐欣然接受，对于篮球这项运动，他也是挺喜欢的，出一身汗的感觉很舒服，整个人都觉得很轻松，这种感觉要比玩一局网络游戏的感觉好很多。爸爸没有责备乐乐玩网络游戏，这让乐乐心中有些感激，觉得爸爸尊重了自己。乐乐也知道自己处在升学的关键时期，正是需要努力的时候，他暗下决心努力减少对网络游戏的依赖，将精力放到学习上，不辜负爸爸对自己的信任。

青春期的孩子如果上网成瘾，父母千万不要强行禁止，因为那样只会让事情变得越来越糟，甚至发生悲剧。孩子上网成瘾是对现实生活不满的一种宣泄。父母应先给予孩子足够的爱，让他感受到家庭的温暖和父母的关爱，然后与孩子多交流，站在孩子的角度看问题，走进孩子的内心。父母的理解和关爱是治疗孩子网瘾的良药，父母对孩子要多一些耐心和鼓励，这样才能更好地帮助孩子。

青春悄悄话

亲爱的儿子，上网除了打游戏、聊天、看信息，还可以做很多有意义的事情，如查阅学习的相关资料，网上学习课外知识，当下很流行的编程、音乐、美术都能在网上学习，如果把玩游戏的时间用在学这些知识上，那你一定会成为一个多才多艺的孩子，而且这些能陶冶情操，丰富你的生活。

旅游也是一种轻松的学习

◎ **解密青春期**

现代社会，旅游已经成为一种时尚。旅游能使人开阔视野，使人心情舒畅。一次好的旅行会给人带来无穷无尽的欢乐，使人终生难忘。工作繁忙的父母不妨抽出点时间陪孩子一起去旅游，放松一下心情，缓解压力。

(1) 带孩子去大自然中走一走，让孩子领略一下大自然的美。

(2) 带孩子去博物馆看一看，让孩子感悟知识和文化的力量。

(3) 带孩子到文化遗迹去看一看，让孩子感受历史的厚重与伟大。

(4) 带孩子览北国风光，游烟雨江南，让孩子感受祖国的山川之美。

(5) 带孩子去游乐场或主题公园玩一玩，让孩子感受游戏带来的快乐。

(6) 带孩子到不同的地方品尝当地的美食，让孩子感受舌尖上的中国。

随着社会的进步，经济的发展，人民的生活水平有了大幅度的提高，旅游已成为人们生活的重要内容。

明朝董其昌的《画禅室随笔·卷二》中写道："读万卷书，行万里路。"古人告诉我们，要将读书和旅游结合在一起。人不仅要多读书，增长自己的智慧和学识，而且应该将所学的那些知识应用到实践中，不断丰富自己的人生体验。父母带孩子出去旅游，不仅能让孩子放松心情，而且能在放松心情的同时增长见识，轻松地学到很多知识。同时，孩子在发现、观察和思考中也会拥有属于自己的心得体会。

宇轩的爸爸和妈妈很注重孩子的教育，从宇轩很小的时候就经常带他到附近的公园玩。他在公园不仅能看到各种各样的花草，而且能看到很多小昆虫，还有各种各样的运动器材。很多知识是在玩中学会的，有的人一定会问："那里有什么可学的知识？"

其实这里面的学问可多了。他不仅知道很多花的名称、颜色，而且观察到了花的形态，比如，牵牛花有紫色的、蓝色的、粉色的，也有白粉色的、紫红色的、蓝紫色的，非常漂亮。牵牛花一般在夏天开放，由于牵牛花的形状酷似喇叭，所以很多地方称它为"喇叭花"。再比如，宇轩在公园里可以尽情地观察小蚂蚁是如何和同伴齐心协力将食物搬运到自己的洞穴中的。他在玩乐中体验到了其中的乐趣。

爸爸妈妈深知孩子不仅要学课本上的知识，而且要体验生活中的精彩和大自然的美妙。所以，带孩子出去旅游是经常的事。

宇轩上中学后，由于他的学习时间比较紧，外出旅游的地方都不会太远，也不会太长，但他们仍然坚持着旅游的习惯。只是由原来的爸爸妈妈决定去哪里，改成和宇轩商量去哪里。有一次暑假，他们商量好要去北京玩一个星期，于是妈妈让宇轩帮忙订车票、订酒店，并在网上提前查询去北京的哪几个地方游玩，提前了解那里的历史和文化，还有旅游时需要带的必需品。他们先让宇轩帮忙准备，如果有不完备的地方再由爸爸妈妈补充。

爸爸妈妈将旅游的主动权交给了宇轩，这样很好地锻炼了宇轩的生活自理能力。很多爸爸妈妈一定担心孩子那么小，他怎么可能会做那些事情呢？怎么可能会想得周到呢？是啊，你不交给孩子做，孩子就永远不会做；你不放手让孩子自己准备，孩子就永远也想不周全。

到了北京的旅游景区，他们一起参观景点，一起品尝了那里的各种小吃，了解当地的风土人情、历史文化，浏览美景，增长见识，还交流各自的感受和理解。

在旅游中，宇轩不仅知道了旅游需要做哪些准备，如何规划，而且增长了见识，开阔了视野，收获了很多快乐，更重要的是有了自己的感悟和体验，所以宇轩的作文写得非常好，经常得到老师的表扬。

如今很多父母会在假期带孩子出门旅游，这种休闲方式越来越普遍，旅游也是一种学习。生活是千姿百态的，需要我们用心去观察和体会。带孩子出去旅游不仅能让孩子在紧张的学习中得到很好的放松，而且能增长见识。孩子在旅游中学到的知识也能很好地补充课本内容的不足，所到之处的建筑特点、饮食习惯、衣着特点等会给孩子留下深刻的印象，孩子也会将自己的美好经历自动保存到他的记忆中。

青春悄悄话

亲爱的儿子，知识不仅可以通过课本获得，而且可以通过郊游或远行等方式获取，当人面对江河大川和秀丽风景时，可以满足自己的好奇心和求知欲。旅游就是行万里路，不仅可以放松心情，而且能够陶冶情操，使人增长见识。所以爸爸希望你在学好课本知识的同时抽出一些时间，咱们一家人一起多出去旅游。

追星，挖掘明星身上的闪光点

◎ 解密青春期

目前，有很多青春期的孩子因为喜欢某个明星而狂热追捧，父母先不要怕孩子耽误学习而忙着阻止孩子，需要了解一下孩子追星的利与弊。

(1) 男孩追星有利于其尽早树立远大目标。

(2) 孩子追星有利于其向自己的偶像学习，使其动力十足。

(3) 男孩追星有利于培养自身的兴趣爱好。

(4) 男孩追星可以在他学习疲惫时听听偶像的歌，放松身心。

(5) 追星的弊端是孩子盲目追星，疯狂追星，浪费时间和金钱。

(6) 有的孩子没有辨别能力，可能会被思想不正的"明星"带偏，价值观出现问题。

在当代，追星已经成为青少年的一种潮流生活。他们非常关注自己崇拜的明星，墙上贴明星的海报，购买明星的明信片，下载明星的歌，这些似乎是他们日常必须做的事情。男孩在不同的时期崇拜的明星可能会不同。父母左右不了孩子追星的对象，但父母可以帮助孩子挖掘他所追明星身上的闪光点，帮助孩子从他喜欢的明星身上汲取积极的经验。

浩天是初二的学生，他和他的好朋友李帅都非常喜欢某位歌星，他们在学校只要一有时间就在一起聊关于这位歌星的话题。

浩天问李帅："你最喜欢这位歌星的哪首歌？我最近买了他的好几张酷酷的海报，他就是我心中的偶像。"

"嗨，浩天，你知道吗？我们的偶像下个月有演唱会，好想去现场听他唱歌啊！"李帅说道。

浩天一听有演唱会激动了半天，嘴里说着："我也好想去现场看他的演唱会，那场面一定很壮观。"浩天边说边想象着演唱会的现场情景，眼睛里流露出渴望的神情。

他们都渴望去演唱会现场体验和感受一把，于是商量晚上回家和父母说出他们的愿望，希望爸爸妈妈能够满足他们的小小心愿。

浩天的爸爸问道："中国有那么多明星，你为什么喜欢这位歌星呢？"浩天说："他的歌很好听，虽然有的歌让人听不清楚是什么歌词，但他唱的那些歌曲的风格很有节奏感。我非常喜欢。"爸爸明白浩天为什么那么喜欢该歌星了，觉得这正是给他树立榜样的好时机，便说："爸爸听说这位歌星患有特别严重的强直性脊柱炎，他每天都忍受着病痛坚持写歌创作，最后才成就了他今天的卓越。"浩天听着更是对这位歌星佩服得五体投地，爸爸知道这就是榜样的力量。

浩天便继续央求爸爸，希望能得到爸爸的支持。爸爸看着他渴望的眼神，便说试一试，尽量满足他的请求给他买票。

后来爸爸真的给浩天买了两张演唱会的票，浩天和李帅高兴得不得了。

他们去了演唱会现场，气氛十分活跃，歌星唱什么歌他俩就跟着一起唱，那种兴奋和狂热是他们从来没有过的。他们回来的路上还一直聊着这位歌星的相关话题。

每个青少年都会有自己崇拜的人，这是他们成长中的一种精神需求。青少年崇拜的人可能是歌星、科学家、艺术家，也可能是运动员，这些都是男孩十分正常的情感需求。运动员需要自身拥有好的成绩，歌星、科学家、艺术家需要拥有好的作品，不论孩子的偶像是哪个行业的，他们都需要有过硬的专业技能、积极向上的思想和坚强的毅力。作为父母，在日常生活中可以探寻孩子喜欢的原因，通过潜移默化的引导，挖掘偶像身上的闪光点，帮助孩子树立正确的审美及追星方式，防止孩子出现片面思维，让孩子做到理性追星。

亲爱的儿子，爸爸知道你们青少年特别喜欢追星，这是你们这个年龄段的心理需求。但千万不要每天花费太多精力盲目追星，要做到理智追星，学习他们身上的闪光点，激励自己，让自己变得更加优秀。千万不要在追星的过程中迷失自我，陷入盲目崇拜而不能自拔。

爱运动的男孩更阳光

◎ 解密青春期

现在，很多青春期的孩子因为课业负担重没有时间去运动，也有些孩子根本不爱运动，他们喜欢待在家里玩手机、看电视，无疑这样对身体是没有好处的。孩子每天至少应该进行户外活动 1 小时，这样才有益身体健康。强健的体魄是一切的基础。怎样才能让孩子爱上运动呢？

(1)父母要鼓励孩子走出家门，鼓励孩子多尝试一些运动。

(2)父母陪孩子一起运动。

(3)父母鼓励孩子与朋友或同学一起去运动。

(4) 父母帮孩子选择合适的运动项目，选择孩子感兴趣的运动。

(5) 父母带孩子多看一些运动比赛。

(6) 父母给孩子做好热爱运动的榜样。

有很多孩子喜欢待在家里，整天过着玩手机、吃零食、躺沙发的生活，然而这样的生活方式对孩子的身心健康是极其不利的。父母要让孩子知道，要想拥有强健的身体，就要多参加体育运动。父母应该鼓励孩子走出家门，多参加一些运动，让孩子在运动中提升自己的能力，学会辨别哪些运动是安全的，哪些运动是有安全隐患的，要在运动中学会保护自己免受伤害。孩子会在运动中享受快乐，从而达到强身健体的目的，这也是孩子学到的生活技能之一。孩子通过不断坚持运动能培养坚强的毅力，运动还能使人的性格越来越开朗，心态越来越阳光。

王琪是个正在读初二的男孩，他性格内向，不爱说话，个子不太高，胖胖的，走起路来一扭一扭的，看着很可爱。

说起王琪的胖，是由于他平时爱吃零食、饭量大，又不爱运动造成的。王琪的妈妈和爸爸看着自己的儿子每天只待在家里，不出去活动，有些发愁。

后来他们一家人开了个家庭会议，商量每天晚上一家人都要绕小区跑一圈，周末去体育公园打篮球、乒乓球、羽毛球或踢足球等，可以任选一项或几项运动。

开始王琪不怎么乐意，在爸爸妈妈的带动下他也参加了各项运动。爸爸负责讲解项目运动要领、安全事项、得分情况，妈妈和王琪是学生，负责认真学、认真练。在打球的运动中，王琪明白了互相配合的重要性，明白了打球时的动作要领和各种规则，他在不知不觉中喜欢上了这些运动。之后，王琪每天坚持运动，他的性格变得开朗了许多。

在运动中，他们一家人不仅收获了很多快乐，而且身体也得到了锻炼，同时开阔了王琪的视野，他每天都是积极的、愉快的。在爸爸妈妈的鼓励下，王琪的减肥计划也开始实施了。

每个孩子都有自己的个性和喜好，不同的孩子会喜欢不同的运动项目，所以父母要尊重孩子的喜好，父母也可以鼓励孩子去尝试不同的运动项目，从而让孩子选择适合自己的、自己感兴趣的运动项目。

父母应该鼓励孩子主动运动，爱运动的男孩给人的感觉更阳光、更招人喜欢、更受欢迎。无论孩子选择什么样的运动，只要是符合其年龄段的，父母都要给予他一定的支持，并提醒孩子注意一些相关的安全知识。

青春悄悄话

亲爱的儿子，爸爸希望你多到户外运动。因为运动不仅能增强你的体质，锻炼强健的体魄，而且你能在运动中掌握一些安全知识，懂得保护自己，同时在你运动的过程中也能培养出健康的生活方式，调整你的心理状态。运动对你有很多好处。爸爸希望你成为一个爱运动的阳光男孩。

第8章

乘坐友谊的小船乘风破浪

　　青春期的孩子，思维活跃，情感丰富。在这个人生阶段，孩子对未来充满了向往，对友谊充满了期待。在这个阶段，孩子需要朋友来倾诉心中的烦恼，需要知己来分享心中的理想和抱负。作为父母，我们要鼓励孩子多交朋友。多一些知己好友，这样既能让孩子多一些情感寄托，也能让孩子拥有更广阔的交际范围。不过在这个阶段，我们也要帮孩子适当地筛选交友对象，对那些居心不良、行为不端的"狐朋狗友"，还是避而远之为好。

懂得分享的男孩更招人喜欢

◎**解密青春期**

现在很多孩子在家中被爸爸妈妈疼爱着、被爷爷奶奶娇宠着长大，在他们的意识中没有"分享"这一概念。然而在孩子的社交中，自私自利却成了他们交往的障碍。父母要让孩子知道，懂得将自己的好东西分享给好朋友的男孩更招人喜欢。那具体应该怎么做呢？

(1)教孩子信任自己的朋友，与朋友和谐交往。

(2)通过读故事，让孩子懂得分享和谦让的品质，并鼓励孩子付诸实际行动。

(3)父母要给孩子树立分享的榜样，潜移默化地影响孩子。

(4)孩子有分享的行为，父母要及时鼓励，予以肯定。

(5)父母与孩子共同体会分享的快乐。

现在有很多孩子是独生子女，孩子就是父母的掌上明珠，家长把孩子看得特别重，孩子就是一个家的中心，尤其是老人比较娇惯孩子，对孩子的要求基本上是有求必应。他们把所有好东西都给孩子，而孩子理所当然地觉得那是应该的，所以造成了现在很多孩子以自我为中心，根本就不会与别人分享，也不会与别人交换，更不懂得关心别人。父母不能让孩子这样下去，应该积极引导孩子学会分享。

杨洋是一名初中生，他的学习成绩一直在班里名列前茅，这让很多同学羡慕不已。

杨洋的同桌就是他的一个"粉丝"，同桌发现杨洋下了课也和他们一起玩，没有在那里学习啊，怎么他的学习成绩就能一直名列前茅呢？

一天，几个朋友在一起有说有笑，突然他的同桌特别好奇地问杨洋："你真是个神人啊，我看你下了课也是该玩就玩，没有一直在那里学习呀，你是怎么成为学霸的？你给大家分享一下经验吧！"

杨洋怕把自己的学习经验分享给同学后，万一他们超过自己了怎么办。于是他说："我哪有什么经验啊！没什么可分享的。"同学们互相看了一眼，都没有说话，于是不欢而散了。

还有一次，杨洋买了一本《学霸笔记》，正当他津津有味地读时，一个同学看到了觉得这书不错，就问："杨洋，你看的这书能让我看看吗？"

杨洋说："我正看着呢，不行！"

那位同学生气地说："你真是一个小气鬼！"然后走开了。

同学们觉得杨洋虽然学习成绩好，但他不会与大家分享美好的东西，他非常自私，慢慢地大家就和杨洋疏远了。

杨洋的朋友越来越少，他有些苦恼。爸爸问杨洋："遇到什么事了？看你有心事啊！"

杨洋说了自己的困扰，爸爸听后说道："你平时有好东西，愿不愿意分享给你的那些好朋友？比如，一盒巧克力、一本好书，或者好的学习方法……"

杨洋说："没有，为什么要分享给他们，巧克力分享给他们我就没了，好书和好的学习方法分享给他们，那万一他们超越了我怎么办？那我不是傻吗？"

听了杨洋的回答，爸爸意识到问题有些严重，他不知道自己的儿子何时有了如此自私自利的想法，这对儿子将来与人相处是非常不利的。没有人喜欢与自私自利的人相处，自私自利的人也不会有知心的朋友。

爸爸对杨洋说道："孩子，做人不能总是想着自己，也要想想我们能为别人做些什么。你只有为别人着想了，别人才有可能为你着想。在考虑问题的时候，不要总是想得那么功利，太过计较得失。因为只有懂得分享的人，才能获得别人诚挚的友谊。人生道路，要努力越走越宽，而不是越走越窄。而自私、自我的想法，会让你人生道路变窄，这种想法一定要摒弃，明白吗？"

听了爸爸的教导，杨洋陷入了沉思，他好像有些明白为什么同学们都不喜欢与他交往了，看来自己以后是要做出改变了。

分享可以说是一个孩子与别人和谐相处的基础，一个孩子如果懂得与别人分享，说明这个孩子懂得关心别人。分享是一种重要的社会行为，也是一种美德，更是孩子品德中的一个重要组成部分。一个不会分享的孩子会变成一个自私自利的人。如果孩子长期这样下去，就会使孩子陷入一座孤岛中，必定会影响孩子形成良好的品德，因为孩子的过度自私，朋友们会慢慢与之疏远，从而影响孩子的社交能力。作为父母，我们应该及早引导孩子有好东西与周围的朋友一起分享，让他感受到分享的快乐，以后就会变成一个愿意分享的男孩，这样孩子的人缘也会越来越好。

青春悄悄话

亲爱的儿子，人在交朋友时一定要学会互相尊重、懂得分享，当你分享给他们一些好东西或好方法时，他们会对你微笑，他们可以让你得到快乐，同样当你需要帮助的时候他们也会伸出自己的援助之手，人就是应该相互帮助、相互支持的，爸爸也希望你能享受到分享带给你的幸福和快乐。

和优秀的人交朋友

◎ **解密青春期**

在孩子的世界中，只要能聊得来、能一起玩的人都可以做朋友，而大多数的父母知道，与优秀的人为伴，会使人变得优秀，让孩子与优秀的人做朋友会使孩子更有长进，父母该如何引导孩子与优秀的人交朋友呢？

（1）多了解优秀的人做事的习惯和做事的原则，这样更容易成为朋友。

（2）自尊自爱，不恭维不奉承，真诚交往。

（3）虚心向优秀的人请教，学习其经验和方法。

"近朱者赤，近墨者黑"，这是每个人都知道的交友之道。青春期的男孩正是广交朋友的时候，如果男孩经常与品行不端的人在一起，那他很可能就被影响成品行不端的人；如果男孩经常与拥有负能量的人在一起，那他很可能就被同化；如果男孩经常与优秀的人在一起，那他的言谈举止也会被优秀的人影响。因为一个优秀的人，无论是他的德行还是智慧都可以散发出光芒，照亮孩子前行的路。优秀的人就如同孩子的益友，益友就像阳光一样，能给孩子带来温暖和力量，能让孩子在相处中感到身心舒畅。而损友则像阴云，让人感觉到的是阴冷、黑暗。

所以，父母一定要鼓励孩子多交益友，拒交损友。多与优秀的人交朋友，因为一个优秀的人会不断散发出正能量，给身边的人力量，这也是潜移默化的榜样力量所起的作用。

刘泽是初二（3）班的班长，他是个乐观、开朗的孩子，不仅学习好，而且音乐、体育也是他的强项，他喜欢和同学们一起玩，因此他的朋友非常多。

平平也在初二（3）班，他的学习成绩在班里处在中等水平，平平比较内向，朋友寥寥无几。平平总是抱怨："为什么我就没几个好朋友呢？我该和谁交朋友呢？"

妈妈问："你觉得你们班谁比较优秀？"

"当然是刘泽呀！他上课回答问题可积极了，平时非常活跃，爱唱歌、爱打篮球，老师都夸他很有才华呢！"

妈妈说："是吗？他这么优秀，那你可以和他成为好朋友啊！他那么积极阳光，你和他经常在一起玩，他身上的那些好品质就会在不知不觉中传递给你，这样你也会变得积极乐观。另外，你还可以向他请教一些学习方法和经验，这可以帮助你更好地成长。"

平平说："是吗？"

妈妈说："你可以试一试啊！优秀的人身上都会散发出正能

量的光芒，这些正能量也会促使你前进的。"

平平点点头，好像知道自己该怎么做了。

一个优秀的孩子，不仅是指学习方面，而且是指他的品行、习惯、为人处世的方式。一个优秀的孩子，他的努力不一定会表露出来，但他的努力会是一种习惯。一个优秀的孩子一定是个善于自我教育和不断提升自我的人；一个优秀的孩子会不断鞭策自己，使自己变得更有层次和境界。如果孩子与优秀的人交朋友，他的层次和境界也会得到提升。作为父母，我们一定要告诉孩子一个道理：如果自己想像雄鹰一样翱翔天空，那就要和群鹰一起飞翔，而不要与燕雀为伍；如果自己想像野狼一样驰骋大地，那就要和狼群一起奔跑，而不能与鹿羊同行。另外，还有"孟母三迁"的故事，足以说明朋友和环境对一个人成长的重要性。

青春悄悄话

亲爱的儿子，爸爸知道你一定交了不少朋友，古人云："三人行，必有我师焉。"每个人都有优点，与朋友交往时要多学习他们的优点。同样，爸爸也希望你多与品行端正、优秀的人交朋友，这样你不仅能在做人做事方面受益，而且能在人生路上获得帮助。

乐于助人朋友多

◎ **解密青春期**

在我们的生活中，也许自己的举手之劳就能温暖很多人的心，很多父母希望自己的孩子能够帮助别人，培养他乐于助人的好品质。那么，如何才能让孩子成为一个乐于助人的好孩子呢？

(1) 父母做好助人为乐的榜样，潜移默化地影响孩子。

(2) 父母要教育孩子"帮助别人无小事"，帮助别人要从生活中的点滴小事做起。

(3) 发现别人有困难时要及时伸出援助之手。

(4) 给孩子讲名人乐于助人的故事。

乐于助人是中华民族的传统美德，大家一定非常熟悉雷锋叔叔，他就是一个乐于助人的好青年。不管他在哪里，只要别人有需要，他都会积极帮助别人。对于青春期的男孩来说，正是塑造好品格的时期。其实乐于助人并不需要我们做什么惊天动地的大事，只要在日常生活中经常帮助他人就可以了，如果孩子能够坚持乐于助人就是一个非常了不起的人。乐于助人不仅能体现一个人的道德品质，而且能体现一个人的思想觉悟。乐于助人还能在帮助别人的同时收获更多友谊，收获更多快乐。

施小杰是初三（3）班的班长，他性格活泼开朗，是个乐于助人的小伙子。

在小杰很小的时候，妈妈就经常给小杰讲雷锋叔叔助人为乐的故事，小杰觉得雷锋叔叔真是个了不起的人，他要向雷锋叔叔学习。

在学校里，看到同学的书掉到地上他会帮忙捡起来；上体育课，同学们打球觉得热，小杰会帮大家把脱了的衣服放在一起，谨防丢失或忘拿；有的同学没听懂老师讲的题，找他帮忙讲解，他也会毫不犹豫地答应。大家都尊称他为"施雷锋"。

有一次，班里的刘阳生病了，头晕恶心还肚子疼，他虽然特别难受但却坚持听课。正当大家都认真听课时，刘阳突然站起来说："老师，我难受得好厉害，需要请假。"班长小杰听了赶紧去扶刘阳，带他去校医室并照顾刘阳喝水吃药。医生建议刘阳吃点流食，到中午吃饭时，小杰就给刘阳从食堂打了点粥让他喝。刘阳在小杰的悉心照顾下很快就好了，刘阳感激地说："谢谢你，班长！"

小杰说："我们都是同学，也是好朋友，不用客气。看着你好起来我很高兴，况且助人为乐也是一件很快乐的事。"

从此，刘阳也加入助人为乐的队伍，和小杰的关系更好了。

在大家的心中，小杰就是"活雷锋"。小杰用实际行动践行着雷锋精神，他要将助人为乐的行为一直坚持下去。

古人云："勿以善小而不为。"这句话告诉我们做好事、帮助别人，不要因为是小事而不做。生活中只要别人需要帮助，我们有能力就应该伸出援助之手。当然帮助别人要量力而行，不能无原则地帮助别人，否则不但帮不了别人，反而会伤害自己，适得其反。

青春悄悄话

　　亲爱的儿子，当别人遇到困难时，请伸出你友善的双手帮助他。助人为乐是我们一定要具备的品德和素质，让自己成为一个高尚的人，愿意帮助他人的人，这样我们的人生才有意义。如果凡事计较得失，功利性太强，那我们虽然暂时能得到一些利益，但获得的也只会是一段失败的人生。

懂得道歉，友谊更长久

◎解密青春期

每一个孩子都是天使，降临在父母的身边，并在父母的百般呵护下长大。每个人都可能会犯错，孩子在家犯错父母可能会迁就，可是在外面犯错不可能所有的人都宽容和迁就孩子。当孩子与同学闹矛盾了该怎么办呢？

(1)如果过错方是自己,要及时向对方道歉,道歉时态度要诚恳。

(2)道歉的方式可以灵活一些,如写一封诚恳的道歉信,送一个小礼物表达自己的歉意。

(3)让孩子意识到,做错了事就应该道歉,道歉并不丢人,是有担当的行为,懂得道歉才能使友谊更长久。

很多时候,我们告诉孩子要不断向前,很少教孩子适当让步,这样的教育方法是不对的。尤其是在孩子与朋友的相处过程中,一定要学会适当让步,这样才能让友谊之花常开。

朋友之间难免会出现误会和矛盾,如果孩子认准自己的道理,不顾及对方的感受,那这段友情很可能就会走到尽头。与人相处,要学会退让。当自己犯错的时候,要学会道歉。道歉,可以化解很多的矛盾,可以让许多尴尬的关系变得顺畅,也会让孩子的交际能力获得锻炼,成为其他人愿意交往的对象。

李伟和王凯是非常要好的朋友,他们在班里称兄道弟,有好吃的、好玩的都一起分享。

可是,最近他们闹了矛盾。事情是这样的:

周末他们约了好几个同学一起去体育场踢球,在踢球的时候,李伟和王凯都在尽力抢球,结果李伟不小心把王凯绊倒了,王凯重重地摔倒在地,而李伟带着球继续向前跑着,丝毫没有歉意。

王凯很生气,嘴里叫嚷着:"把人绊倒了连一句道歉的话都没有，你这是什么朋友？"然后就气冲冲地离开了。

而李伟觉得王凯太做作了，大家在球场上踢球，相互碰撞是难免的事，至于这么生气吗？

从此，两人谁也不理谁了。

李伟的爸爸发现儿子的情绪不对，就问："儿子，发生了什么事情？"

李伟把他们那天踢球时发生的事告诉了爸爸，爸爸说："踢球撞倒了王凯，你有没有向他道歉？"

"什么？还要道歉？"

"是啊，撞倒人就是你的不对，再说王凯肯定是摔疼了，结果你和没事人一样忽略了他，所以他很生气。"爸爸说道。

"他生气？我还生气呢，他不理我，我也不理他。"李伟说。

爸爸问："你好好想一想，就因为这么一点小事而失去自己最好的朋友值得吗？"

李伟想了想，摇摇头："确实有点不值。"

爸爸继续说："对啊！所以你明天去了学校先跟王凯道歉，等他想通了，原谅了你，你们俩就能像从前那样继续做好朋友了。"

"行，我知道了，谢谢爸！"李伟被爸爸这么一开导立刻想通了。

处在青春期的男孩特别爱面子，自尊心强，可能会觉得道歉是一件很伤自尊的事情，即使伤害到了同学也不肯低头向对方道歉，不愿意承认自己的错误。其实，道歉并不可耻，向对方道歉是一种勇气，也是一种智慧，更是个人有修养的体现。如果伤害到别人时，一定要让孩子勇于向对方道歉，道歉时态度要真诚，请朋友原谅自己。如果道歉时没有诚意，那么误会就很难消除，甚至会加深彼此间的矛盾。

青春悄悄话

亲爱的儿子，当你在与朋友相处时，因为一些小事而出现矛盾是很正常的事，关键是你怎样对待和解决。你们可能都会生闷气、冷战，谁也不理谁，但这不是解决问题的办法。如果是自己的错就要勇敢地向对方道歉，如果是对方的错，你们也要真诚地进行沟通和交流，原谅彼此，这样才能使你们的友谊更长久。

该拒绝时要拒绝

◎ 解密青春期

青春期的男孩，在与朋友的相处过程中，当朋友提出要求时，男孩总会想着努力满足对方的要求，这样才显得自己够朋友。当朋友提出不合理要求的时候，男孩也不知道拒绝，因为他们只在乎自己能否做到而很少去想自己做得对不对。作为父母，我们一定要告诉孩子，有时候拒绝才能让彼此的友谊更长久。

(1)父母要让孩子懂得朋友的要求如果不合理，要坚决拒绝。

(2)父母平时要教孩子正确的交友观。

(3)教孩子正确选择朋友的标准。

(4)广交益友，远离损友。

青春期的男孩在交朋友时，一定要拥有一双"火眼金睛"。但很多孩子虽然在交友方面非常努力，但稍不留神还是会交到一些损友，影响孩子的发展。作为父母，一定要提前给孩子做功课，教孩子如何选择朋友，教孩子如何与朋友相处。

小亮已经是一名中学生，可他现在几乎没有好朋友，他希望自己能多交几个好朋友，大家一起玩。于是他就和班里几个比较调皮的同学走得比较近，并且不断地迎合那几个同学的爱好、要求，即使自己手头有事，他也会放下自己的事去帮助他们。

那几个同学学习成绩不怎么好，经常让小亮帮忙代写一些作业，小亮虽然不是很乐意，但还是答应了。

他们有时悄悄吸烟，并给小亮递烟，小亮不好意思拒绝，也为了不失去这些朋友，他将烟接了过来，在他们的影响下，小亮也开始悄悄地吸烟了。

有一天，已经晚上十一点多了，小亮房间的灯还亮着，爸爸发现后敲开了小亮的门。爸爸问："小亮，怎么还不睡？作业这么多啊？"

小亮愁眉苦脸地回答："其实老师留的作业还可以，不是太多，是我的那几个好朋友——俊俊和浩浩让我帮他们写作业，所以我的任务就加重了。"

爸爸说："他们自己不写作业让你写？你知不知道一个学生让人代写作业是不对的，替别人写作业也是不对的？"

"我知道。"小亮说着就把头低了下来。

"那你怎么不拒绝呢？知道是错的、不合理的要求，你当时就应该拒绝他们啊！"爸爸说。

"可是我怕失去他们这些朋友，我怕孤单。"小亮说道。

"那他们除了让你替他们写作业还让你干什么了？"

小亮说："他们悄悄抽烟时，也让我抽烟，其实我不想抽，但我不想失去这几个朋友。"

"就为了自己有朋友？那你和他们在一起快乐吗？"爸爸问。

小亮摇摇头，说："不快乐。"

"儿子，其实有很多时候，你不应该为了迎合朋友的无理要求而委屈自己的内心，该拒绝时要拒绝。真正的朋友在一起是互相关心、互相帮助、互相理解的，在一起时会感觉很快乐。所以你应该知道怎么做了吧？"

小亮说："我知道了，爸爸，我今后要学会拒绝朋友不合理的要求。"

"对！如果因为拒绝了那些不合理的要求而失去朋友，那他们压根儿就不是你真正的朋友。今后你可以按照自己的标准交朋友，找与你志同道合的人做朋友，纯洁的友谊会给你的生活增添很多光彩。"爸爸说道。

小亮点点头。

在生活中，孩子与人交往是很正常的一件事，但交往的对象不一定是友善的，他们在与朋友相处时难免会遇到朋友向自己提出无理要求的情况，或者自己根本无法满足朋友的要求，这时一定要让孩子勇敢地拒绝，学会说"不"，不要不好意思。当然拒绝并不代表拒绝朋友的一切请求，当朋友在生活或学习上需要帮忙时，自己有能力一定要帮，不能拒绝。

青春悄悄话

亲爱的儿子，交友时不能一味地满足朋友的需求，你要看他的要求是否合理，你要懂得明辨是非。如果遇到朋友的不合理要求，也要学会拒绝。当然对待身边的真朋友要怀着真诚、感恩之心与之相处，互相帮助，珍惜彼此的友情。

不排斥异性朋友

◎解密青春期

男孩在青春期会交一些志趣相投的朋友，有男生也有女生，很多父母担心自己的儿子陷入早恋的泥潭，到了"谈女色变"的地步，极力排斥自己的孩子与异性交往。其实这样的做法不但对孩子的成长没有好处，反而会影响孩子社交能力的提升。对孩子与异性朋友的交往，父母只要做好以下几点就可以了，合理引导是关键。

(1) 留意孩子是否与某个女孩走得太近。

(2) 父母千万不要把早恋、爱情这些词列为家庭谈论的禁区。

(3) 父母教导孩子与异性交往时不拘谨、不搞暧昧、不过分卖弄自己，在适当的情况下给予女生帮助。

男孩进入青春期也就意味着孩子由儿童向成年过渡，这是孩子成长的关键时期。在这个时期，孩子的生理和心理都在发生巨大的变化，性心理在这时也开始萌发，对异性有了好感，与异性的交往会增多。孩子对异性产生好感是很正常的一种心理变化，家长千万不要惊慌，以为孩子"早恋"了，然后怕影响孩子学习，严厉禁止孩子与异性交往。父母应该明白，孩子对越禁止的事情就越好奇，这也越容易让孩子误入歧途，进而影响孩子的身心发展。

父母应该采取积极、正确而恰当的方式，为孩子解答他心中的疑惑，告诉孩子与异性交往要从容，也许自己心中的喜欢只是一种好感，帮助孩子顺利地度过青春期。

处在青春期的刘伟最近不知怎么了，晚上总是失眠。

刘伟的精神状态一点儿都不好，每天早上看着他一脸没睡醒的样子，妈妈很是着急。"到底怎么了，儿子？"妈妈关心地问刘伟。

刘伟刚开始只是说："没事。"一连几天，他都是这种状态，在妈妈的再三询问下，刘伟才说出了自己的困扰："妈妈，我估计我喜欢上我的同桌田玲了，她歌唱得特别好听，每天一听她唱歌我就兴奋，我这几天晚上总是想着她唱歌的神情，导致自己失眠好几天了。"

妈妈并没有生气，反而很欣慰，说道："儿子，别着急，你好好想一想这两个问题，你的同桌唱歌很好听，你特别喜欢听，那如果其他人唱歌比她还好听，你还爱听她唱歌吗？你觉得你还会像现在一样喜欢她吗？"

刘伟带着这样的问题想了好半天，最后终于理清了思路，自己只是对爱唱歌的同桌有好感，他们属于有共同兴趣爱好的朋友。刘伟消除了内心的忧虑后，晚上不再想那些事情，自然就恢复了良好的睡眠状态。

人际交往对青春期的男孩是必不可少的，也是非常重要的。朋友的陪伴及朋友间的相处会给孩子的生活增添很多光彩。男孩与异性交往不仅是正常的，而且是有必要的。男孩与异性之间的正常交往不仅有利于他们的学习，而且对其个性发展很有好处，更重要的是对他们的身心健康更有利。

很多男生在与异性朋友交往时会出现过分拘谨的情况，如紧张、说话结巴、手脚冒汗等；有的同学在异性面前过分卖弄自己，显示自己的才华和学识，这样不但不会招人喜欢，反而会让人心生厌恶；还有的男生在与异性交往时表现得过分严肃、冷淡，使气氛过于紧张。其实大可不必，与异性朋友相处其实跟同性朋友一样从容交往就可以，如果遇到女生确实需要帮助时，可以适当地给予帮助。

青春悄悄话

亲爱的儿子，你在与朋友交往时要热情大方，诚恳待人，与异性交往也一样，只要把握好交往的尺度，沉稳、大方、尊重对方就可以，相信你会收获更多珍贵的友谊。

"好哥们儿讲义气"

◎解密青春期

孩子交朋友本来是好事，处在青春期的孩子在人际交往中最大的一个特点就是崇尚哥们儿义气，而这种哥们儿义气是一种非常不理智的行为。那要如何防止孩子盲目崇拜"好哥们儿讲义气"呢？

（1）父母在平时做好表率，不讲哥们儿义气。

（2）父母在平时告诉孩子真正的友谊和哥们儿义气的区别。

（3）鼓励孩子多交益友，交友时观察对方的言行，了解对方的人品。

（4）父母平时注重培养孩子明辨是非的能力，拒交损友。

自古以来，中国人就特别看重"义气"二字，现在的青少年在与朋友交往时也喜欢互相称兄道弟，讲哥们儿义气。相信很多人看过《水浒传》，里面有一百零八位好汉，他们为了匡扶正义而劫富济贫，感动了无数人。里面的好汉都十分讲义气，那什么是义气呢？义气就是一股刚正之气、正义之气，为了朋友间的情谊，自己心甘情愿替朋友承担风险，拥有自我牺牲的气度，是人与人之间的一种道德关系。

但现在的很多青少年将义气的真正含义给曲解了，他们所崇尚的哥们儿义气是可以为朋友两肋插刀，不管是好事还是坏事，只要是朋友的事都要帮忙。

原本学习成绩还不错的宇帆，自从进入青春期后，渐渐变得不爱学习了，成绩也一直滑坡，忙于工作的爸爸妈妈不知道宇帆怎么了，为什么他的成绩会一落千丈。

当宇帆闯祸时他们才明白了其中的原因。事情是这样的：

宇帆自从上中学后，便和李亮、王鹏等同学成了好朋友，虽然他们几个学习成绩一般，但对宇帆特别好，经常将自己的零食分给他吃，有时还请他去饭店吃饭、去网吧打游戏，还将……

宇帆觉得自己和他们在一起时心情非常好，有吃有喝还有得玩，没有人敢欺负他，有这几个好哥们儿足够。当他们没钱花时就跟同学要钱，在校外还抢过别人的东西。宇帆将学习的事抛到了脑后，老师找他谈话，让他把精力放到学习上，他只是嘴上答应，根本没有行动。

一天，他们几个放学后在去网吧的路上遇到几个小混混，双方发生了争执然后就打起来了，甚至有一个人受了伤，被送进了医院。最后警方介入，警察打电话通知宇帆的妈妈，这次斗殴宇帆要负相应的法律责任。

妈妈这才明白原来是宇帆讲哥们儿义气不懂是非，助长了他的坏思想和坏行为，最终导致宇帆走上了犯罪道路。妈妈后悔不已，这是自己对孩子教育的缺失造成的。

"哥们儿"其实就是孩子身边关系较好的同学、朋友，他们在一起时无话不谈，并且能够互相帮助、互相鼓励，这种友谊非常可贵，是一种纯洁、健康的友谊。而生活中还有一种是拉帮结派、聚众闹事、专做坏事的哥们儿。作为父母，应该多关注孩子的交友范围，如果发现孩子交友方向发生偏离，父母一定要给予孩子恰当的引导，帮孩子分析问题，辨明是非，将孩子的交友之道引入正确的方向。

> 亲爱的儿子，朋友之间重情重义是非常好的一种交友之道，朋友之间相互理解、相互信任、相互帮助都是正确的。同时你也要懂得，讲义气更应该分清是非、讲道理，而不是讲江湖义气，不辨是非就替朋友出头，不顾后果就鲁莽行动。你要学会分辨是真友谊还是哥们儿义气。当然爸爸希望你能有不错的识人能力，交上益友。

摆脱被同学孤立的困扰

◎解密青春期

当孩子在学校被同学或朋友孤立时，父母不要不当回事。孩子被同学孤立对他的身心健康具有很大的伤害，可能会使孩子出现各种各样的心理问题。父母一定要足够重视，想办法帮助孩子破除被孤立的困扰，让他学会融入集体。

（1）父母要倾听孩子的心声、安抚孩子的情绪。

（2）父母帮助孩子分析，了解清楚被孤立的原因。

（3）如果是孩子自身的原因，父母要让孩子自省，是否缺乏社交技巧，并改正自身的缺点。

(4) 如果是外界因素，父母可以与班主任老师沟通，共同协调商量解决方案。

青春期的男孩总是希望自己有很多好朋友，但他们又不是很清楚怎样才能长久地维持自己与朋友间的友谊。本来相处很好的朋友不知什么时候开始变得疏远了，有的孩子甚至被同学孤立，陷入苦恼中不知道该怎么办。作为父母的我们要及时引导孩子，对待朋友要真诚大方，朋友需要帮助时要及时给予帮助，多换位思考，互相理解。

浩天是个活泼好动的男孩，他不仅学习好，而且在体育方面特别优秀，他喜欢打篮球、踢足球、跑步，特别喜欢运动的他有很多好朋友。

快到期中考试了，他的几个好朋友物理成绩不怎么好，想让他给补习一下，他答应了。可是后来有同学叫他去打球，浩天一溜烟儿跑去打球了。

那几个同学真是好尴尬啊，他们看看彼此，摇摇头离开了。他们很生气，决定以后再也不理他了。之后浩天找他们玩，他们都会婉言谢绝，说自己还有别的事，故意不和浩天玩。浩天一连好几天都被朋友们拒之门外，很是苦恼，不断地问自己："为什么他们要孤立我呢？"

浩天将自己的苦恼告诉了爸爸，爸爸说道："之前你们不是一直很好吗？你好好想一想，是哪件事出了问题？"

浩天想了半天，突然一拍脑门儿，说："估计是前几天他们几个说快期中考试了，他们的物理学得不太好，想找我给他们补习一下，我答应了。可后来有人叫我去打球，我就走了，他们一定生气了。"

"那你觉得自己做得对吗？"爸爸问。

浩天说："当时感觉没什么，觉得给他们补习有的是时间，哪天都行，所以就跑去玩了。我现在感觉不对。"

爸爸说："儿子，你可以反过来想一想，如果你正向你的同学请教问题，他因为要玩走掉了，你当时会是什么感受？"

"应该会很难受吧。"浩天脱口而出。

爸爸说："是啊，人就应该将心比心，换位思考，当朋友向你寻求帮助时，你应该把他们的事当成自己的事来认真对待，而不能想当然。他们当时一定很伤心、很难过。他们认为朋友之间应该互相帮助，结果你不帮他们，所以他们不愿意和你做朋友了。"

浩天听了好后悔："那怎么办啊，爸爸？我还想和他们做朋友，我不要被他们孤立，那种感觉太难受了。"

爸爸说："那你明天先去向他们道歉，然后抓紧时间帮他们补习不懂的知识，大家共同进步。"

听了爸爸的话，浩天的心里终于舒服了。他决定按爸爸教的方法去做，尽快挽回友谊。

青春期的男孩看着个子很高，看似越来越像大人。但很多孩子在与朋友相处的过程中，遇到事情时一般先考虑自己，然后才考虑他人。一旦与自己的意愿或需求不符时，他们就会产生分歧。他们常常会因为一些事情闹别扭，也会因为一些事情被朋友误解，甚至因为一些事情被孤立。作为父母，我们要告诉孩子，与朋友相处要互帮互助，要分清事情的轻重缓急，坚决不做有损友谊的事情。

青春悄悄话

亲爱的儿子，学校其实就是一个缩小版的社会，与朋友相处要和睦，要真诚对待朋友，不高傲自大，要积极适应集体生活。另外，在平时你也要不断增强自己社会交往的技能，掌握一些社交技巧，这样更有利于你与朋友的交往，减少被疏远、孤立的可能性，收获更多友谊的同时享受朋友带来的快乐。